인스타 브레인

INSTA BRAIN

인스타 브레인

몰입을 빼앗긴 시대, 똑똑한 뇌 사용법

안데르스 한센 지음 | **김아영** 옮김

동양북스

우리는 더 오래 살고, 더 건강하며,
클릭 한 번이면 전 세계의 오락물에 접속할 수 있다.
그런데도 우리는 그 어느 때보다도 더 우울해 보인다.
어쩌다가 이렇게 되었을까?

_ 본문 중에서

2020년 머리말 우리는 지금 역사상 가장 낯선 세상에서 살고 있다 ···· 008

2019년 머리말 뇌의 지각 변동이 시작되었다 ································ 018

|1장| 우리 뇌는 아직도 수렵 채집인이다 ················· 021
　　　"몸의 진화는 왜 세상의 진화를 따라가지 못하나?"

|2장| 우울증은 뇌의 보호 전략 ·························· 043
　　　"스트레스와 우울증이 우리 몸을 보호한다고?"

|3장| 몸이 되어버린 신종 모르핀, 휴대전화 ··············· 073
　　　"잡스는 왜 자기 아이의 휴대전화 사용은 제한했을까?"

|4장| 집중력을 빼앗긴 시대, 똑똑한 뇌 사용법 ············ 093
　　　"우리 뇌는 결코 우리 편이 아니다"

|5장| 우리의 시간을 훔쳐가는 강력한 용의자 ············· 123
　　　"휴대전화 사용 시간과 건강"

| 6장 | SNS를 끊고 기분이 나아진 사람들 ·················· 141
"디지털 사용 시간이 짧을수록 기분이 나아지는 이유"

| 7장 | 청소년 우울증과 휴대전화 ·················· 189
"교실에서 휴대전화가 사라지면 무슨 일이 일어날까?"

| 8장 | 변화를 원한다면, 몸부터 움직여라 ·················· 225
"운동을 하면 왜 더 집중하게 될까?"

| 9장 | 뇌는 지금도 바뀌고 있다 ·················· 243
"인류는 점점 더 멍청해지고 있는가?"

맺음말   자연스러운 것이 다 좋은 것은 아니다 ·················· 267
부록   디지털 세계를 여행하는 사람들을 위한 안전 수칙 ·················· 271
감사의 말 ·················· 277
옮긴이의 말   디지털은 우리 뇌를 어떻게 바꾸고 있는가? ·················· 280
참고문헌 ·················· 284

우리는 지금 역사상
가장 낯선 세상에서 살고 있다

디지털 생활이 우리에게 어떤 영향을 주었을까?

지금 당신이 쥐고 있는 이 책은 우리 뇌가 디지털 세계에 적응하지 못했다는 내용을 다루고 있다. 코로나 19 위기가 닥쳐서 휴대전화가 주변과 소통하는 생명 줄 역할을 하는 지금 상황에서도 과연 이런 책이 여전히 유효할까?

나는 이 책의 내용이 그 어느 때보다도 우리에게 필요하다고 생각한다. 처음부터 차근히 살펴보자.

오늘날 성인의 휴대전화 사용 시간은 4시간에 육박한다. 청소년은 4~5시간 정도이다. 최근 10년간 인간의 행동 변화는 인류 역사상 가장 빠른 속도로 이루어졌다. 이런 변화에 우리는 어떤 영향을 받았을까? 나는 이 질문에 과학적인 답변을 해보고 싶었다.

디지털 환경에 대한 다른 학자들의 연구 결과는 어떠한지를 비롯해서 우리의 감정과 수면 시간, 집중력에 어떤 영향을 주는지, 유아와 청소년들에게는 특히 어떤 영향을 주는지, 이 모든 것들에 대해 우리가 실질적으로 알고 있는 것은 무엇인지, 추측과 추론이 아닌 실제로 검증된 사실을 살펴보고 싶었다. 사실 이 질문이 '하루에 휴대전화를 얼마나 많이 사용하고 있는가?'라는 질문보다 훨씬 더 근본적이고 중요하다.

삶의 여건은 나아지는데, 왜 기분은 점점 나빠지는가?

정신과 의사로서 나는 저조한 기분 탓에 도움을 요청하는 사람들을 자주 만나는데, 최근 이 수는 점점 늘어나고 있다. 단적인 예로 스웨덴에서는 성인 10명 중 8명(!)이 항우울제를 복용하고 있다. 다른 여러 나라에서도 상황은 비슷하다. 우리가 전례 없이 부유해지고 GDP가 상승한 지난 수십 년 동안 항우울제를 복용하는 사람 수도 동반 상승했다. 우리를 둘러싼 삶의 여건은 점점 나아지고 있는데 왜 이렇게 기분은 점점 나빠질 수가 있단 말인가?

물질적인 측면에서는 점점 좋아지는데도 왜 많은 사람들이 불안을 느끼는 걸까? 지금처럼 많은 사람과 서로 연결되어 있던 적이 없는데도 왜 점점 더 많은 사람들이 더 외롭다고 느끼는 걸까? 나는 이 책을 통해 이 질문들에 근본적인 원인이 뭔지를 파헤치고 싶었다. 한 가지 답변을 하자면 우리가 살고 있는 이 세상은 지금 우리 스스로에게 더할 나위 없이 낯설다는 사실이다. 현재 우리를 둘러싼 세상과 우리가 지금까지 진화해온 세상 간의 '불일치'가 우리 기분에 영향을 미치고 있는 것이다.

우리 뇌는 1만 년 동안 변하지 않았다

자동차, 전기 그리고 스마트폰은 우리에게 친숙하다. 마치 이런 것들이 없는 삶은 한 번도 경험해보지 못한 것처럼 느껴진다. 그러나 사실 이런 물건들의 역사는 인류의 역사에서 볼 때 눈 깜짝할 새에 지나지 않는다. 따지고 보면 인류는 자신의 역사 중 99.9%에 해당하는 시간 동안 수렵 채집인이었다. 당연하게도 우리 뇌는 그 생활 방식에 맞게 진화했다. 실제로 우리 뇌는 최근 1만 년 동안 변하지 않았다. 순전히 생물학적인 이유로 당신의 뇌는 여전히 당신이 지금 사바나 초원 위에 있다고 생각한다!

'그게 무슨 상관이람, 내가 숲에 가서 야생 동물을 사냥하

면서 살 수도 없는데'라고 생각할지도 모르겠다. 당연한 말이
다. 그러나 우리의 뇌가 현재 사바나 초원에 살고 있다고 생각
한다는 사실을 우리가 스스로 '인지'하는 것은 매우 중요하다.
변하지 않는 우리 안의 뿌리 깊은 욕구 즉 자고 싶은 욕구, 움
직이고 싶은 욕구, 사람들과 관계 맺고 싶은 욕구를 있는 그대
로 이해할 수 있는 열쇠이기 때문이다. 우리는 이런 욕구들을
무시하고는 도무지 기분이 좋을 수가 없다. 그러나 안타깝게
도 디지털 세상에서는 이런 욕구들을 무시하는 것 같다.

　우리는 점점 더 과거보다 덜 자고 못 잔다. 대부분의 서양
국가에서는 지난 10년 동안 수면 문제를 호소하는 청소년의
수가 폭발적으로 증가했다. 스웨덴의 경우에는 불면증을 호
소하는 청소년의 수가 20세기 말에 비해 800% 늘었다. 또한
우리는 점점 덜 움직이며 사람들을 만나는 방식도 전과 같지
않다. 점점 더 많은 사람들이 더 큰 외로움을 느끼는데, 이는
청소년층에서 두드러진다. 이는 자가 격리가 시작되기 한참
전부터 있었던 일이다!

　여러 연구에 따르면 수면, 신체 활동 그리고 사람들과의 유
대감은 명백하게 우리의 정신 건강을 지켜주는 중요한 요인
이다. 그런데 이 세 가지가 갈수록 줄어드니, 우리의 기분은
나빠질 수밖에 없다.

코로나 19에 대처하는 인류의 뇌는 어느 시대의 것일까

현대 사회와 인류 역사의 '불일치'는 우리 기분을 이해하는 것 외에 다른 부분에서도 중요한 열쇠가 된다. 코로나 19 위기를 살펴보자. 왜 우리는 2020년 봄에 전 지구가 멈춰 설 정도로 강력하게 대처했을까?

전염병 확산으로 밤잠을 설친 사람이라면, 내 생각에 당신은 바이러스뿐만 아니라 서양에서 가장 흔한 사망 원인인 암이나 심장 질환도 걱정하는 사람일 것이다. 그러나 역사적으로 인류는 암이나 심장 질환 때문에 죽지는 않았다. 인류 역사의 99.9%에 해당하는 시기 동안 우리 선조들은 기아, 살인, 탈수 그리고 감염증으로 사망했다. 그리고 우리 뇌는 이런 상황에 잘 대처할 수 있게 설계되어 있다. 인류 역사에 존재했던 온갖 재난에서 살아남은 사람들의 후손이니 말이다.

기아가 생존에 가장 강력한 위협이었기 때문에 우리 뇌는 칼로리를 열망하도록 진화했다. 이 열망은 음식을 발견하는 족족 먹어치우게 만들었다. 그러나 돈만 있다면 무한대로 음식을 제공받을 수 있는 현대 사회에서는 이 열망이 제대로 기능하지 못하고 있다. 왜 전 세계에 2형 당뇨와 과체중이 만연한지 그 이유가 바로 여기에 있다.

그렇다면 이것이 코로나 19와는 과연 어떤 연관이 있을까?

그렇다. 뇌를 비롯한 우리 몸은 많은 사람들이 전염병으로 사망하던 역사를 거치면서 진화했다. 그 덕분에 우리는 뛰어난 면역 체계를 발달시킬 수 있었다. 또한 우리의 행동은 감염을 피하도록 발달했다. 바이러스와 박테리아에 접촉하지 않는 것이 중요했으므로 어떤 사람을 보면 우리는 금방 그 사람이 아픈지 건강한지를 알아차린다.

또 감염된 사람들에 대한 정보를 모으려는 본능도 강하다. 어떤 사람들로부터 멀리 떨어져야 하는지 알아야 생명을 유지할 수 있었기 때문이다.

이 때문에 지금 코로나 19 위기 속에서 우리는 하루 종일 TV, 컴퓨터 그리고 스마트폰으로 쏟아지는 뉴스 보도를 보는 걸 멈출 수가 없다. 마치 세계 곳곳에 감염자 수와 사망자 수라는 미디어 태풍이 몰아치는 것과 다를 바가 없다. 그 결과 많은 사람들이 현재 강력한 스트레스를 경험하고 있다.

우리는 왜 이렇게 잘못된 정보에 취약할까?

당연히 우리가 사용하는 디지털 기기들은 위기 상황에서 중요한 쓸모가 있다. 우리는 재택근무를 하면서 온라인상으로 여러 사람들과 접촉할 수 있다. 나 역시 휴대전화 덕분에 매일 벽이 점점 나에게 다가오는 것 같은 압박감을 주는 집에서 자가 격리를 하면서도 외부와 소통할 수 있었다. 디지털 기기들은 코로나 19 위기 상황에서 외부와 연결해주는 다리 역할을 한다. 하지만 그와 동시에 문제를 일으킬 수도 있다. 오늘날 루머와 음모론은 SNS를 통해 바이러스보다도 빨리 퍼지고 있다. 루머 확산은 위기 상황에서 자연스러운 현상이기는 하지만, 예전에는 루머가 몇 안 되는 사람 사이에서 퍼지는 데 그쳤던 반면에 오늘날에는 한두 시간 만에 수백 만 명에게 확산되는 특징이 있다. 세계보건기구(WHO)가 팬데믹(pandemic, 세계적인 유행병)의 여파로 인포데믹스(Infodemics, 정보 전염병)가 확산되고 있다고 지적할 정도다.

　우리는 왜 이렇게 잘못된 정보에 취약할까? 그리고 이런 정보에 어떻게 대처해야 할까? 이 역시 바로 이 책에서 다루고 있는 문제다.

우리 뇌는 날마다 해킹당하고 있다

이 책을 쓰게 된 사적인 이유를 하나 이야기하고 싶다. 1년 전에 나는 내가 하루에 3시간씩 휴대전화를 쓰고 있다는 사실을 알게 되었다. 이 사실을 깨달았을 때 나는 큰 충격에 빠졌다. 3시간이라니!

　마치 시간을 길바닥에 내다 버리고 있다는 느낌이 들었지만 그럼에도 휴대전화를 손에서 놓을 수가 없었다. 나는 소파에 앉아 TV로 뉴스를 보면서 휴대전화를 향해 손을 뻗었다. 마치 내 의지와는 상관없이 자동으로 몸이 움직이는 것 같았다! 나는 항상 책을 즐겨 읽었지만 최근에는 집중하기가 어려워졌다. 집중력이 필요한 단락을 읽을 때면 나는 자주 책을 내려놓게 됐다. 그런데 이것이 나만의 특별한 경험이 아니라는 것을 깨닫고 나는 책을 써야겠다고 마음먹었다. 이 문제에 대해 연구하면서 나는 엉성하게 프로그래밍된 컴퓨터를 해킹할 수 있는 것처럼 사람들의 뇌도 해킹할 수 있다는 사실을 발견했다. 똑똑한 기업가들이 이미 인간 뇌 해킹에 성공했다. 이들은 우리의 집중력을 빼앗아갈 수 있는 제품을 이미 만들었다. 만약 순수하게 당신의 결정으로 매번 주머니에서 휴대전화를 꺼내 들고 있다고 생각하고 있다면 잘못 짚은 것이다. 페이스북, 스냅챗 그리고 인스타그램과 같은 기업들은 우리 뇌의 보상 시스템을 아주 성공적으로 해킹했다. 이 사업은 단 10년 만에 전 세계 광고 시장을 집어삼킬 정도로 성공적이었다. 이 책을 읽으면 이 기업들이 어떤 묘책을 썼는지 알 수 있을 것이다.

기술은 좋을 수도, 나쁠 수도 있다

어떤 사람들은 우리가 새로운 기술에 적응해야 한다고 말한다. 나는 그렇게 생각하지 않는다. 우리가 기술에 적응하는 게 아니라 기술이 우리 몸에 맞게 개발돼야 한다.

이를테면 페이스북을 비롯한 다른 SNS 서비스가 사람들이 직접 만나는 걸 유도할 수도 있는 거 아닐까? 우리의 수면 시간을 방해하지 않고 몸을 움직이라고 동기 부여를 해줄 수도 있는 거 아닐까? 잘못된 정보를 퍼뜨리지 않도록 도와줄 수도 있는 거 아닐까?

물론 이 질문들은 순진한 발상이다. SNS가 이런 식으로 발달하지 않는 것은 물론 자본의 영향력이다. 대중들이 페이스북, 인스타그램, 트위터 그리고 스냅챗을 이용하는 시간은 기업들에게는 황금과 마찬가지다. 매분 매초 광고를 보여주고 상품을 구매하도록 유도할 수 있기 때문이다. 그러므로 기업의 목표는 최대한 우리의 시간을 빼앗는 것이다. 그러기 위해서는 우리를 최대한 SNS에 집중하게 만들어야 하는데, 점점 세련된 전략을 구사하고 있다.

물론 기술은 여러 방법으로 우리를 돕고 있으며, 앞으로도 그럴 것이다. 여기서 우리가 알아야 할 것은 기술은 좋으면서 나쁠 수도 있다는 사실이다. 그것을 알아야 우리는 그 기술을 최대한 우리에게 유리하게 사용할 수 있다. 우리의 본능을 자극해서 결국 착취하는 게 아닌 우리를 기쁘게 하고 도와줄 수 있게 말이다.

다시 말하자면 나는 사람들이 현재 우리 앞에 펼쳐진 디지털 환경을 잘 이해하고 이것이 자칫 잘못하면 여러 부작용을 일으킬 수 있다는 것을 알았으면 좋겠다. 이 책『인스타 브레인』이 그 이해에 도움이 되길 바란다.

안데르스 한센
2020년 4월 17일

뇌의 지각 변동이
시작되었다

2018년 5월, 나는 뉴욕에서 개최된 대표적인 심리학 학술단체인 미국심리학회(APA, American Psychiatric Associations) 연례학술대회에 참석했다. 이 자리는 전 세계 수천 명의 심리학자가 세계 뇌 연구 석학들의 최신 연구 결과를 듣기 위해 한데 모이는 곳으로, 사담을 나누는 자리에서도 '양극성 장애'라는 단어가 곧잘 들려오곤 한다.

APA 같은 학회의 회의에 참석하다 보면 학술회의장에서 나누는 이야기 외에도 흥미로운 이야기들을 들을 수 있다. 심리학자들과 연구자들의 가장 큰 관심사가 무엇이고 무엇에 흥미를 느끼는지 감 잡을 수 있는데 이는 상당히 짜릿한 경험이다.

2018년 봄, 학술회의장에서는 수많은 심리학자가 똑같이 하나의 질문을 던졌다. 바로 "디지털화가 우리에게 미치는 실질적인 영향은 무엇인가? 현재 우리는 우리 자신은 물론이고 우리 아이들까지 포함한 광범위한 실험을 진행하고 있는가?" 였다.

아무도 명확한 답은 하지 못했지만, 지난 10년 동안 의사소통과 비교 방식에서 나타난 인류의 행동 변화는 극히 광범위하고 생각보다 더 깊은 층위에서 영향을 미치고 있을지 모른다는 데 다들 동의했다. 특히 지난 10년 동안 심리적인 문제를 호소하는 젊은이들이 급격하게 증가한 이유가 어쩌면 지나치게 빨리 디지털 생활 방식을 받아들인 탓일지도 모른다고 추측했다.

비록 아직은 답보다 질문이 더 많은 듯 보이기는 했지만 상황 파악을 전혀 못 하고 있는 것은 아니었다. 분명한 것은 디지털화가 뇌에 어떤 영향을 미치는지에 대한 연구는 아직 시작 단계이지만 이해의 폭은 나날이 넓어지고 있다는 사실이었다.

회의가 끝나고 나는 인류 역사상 지난 10년만큼 이렇게 빠른 속도로 우리의 행동 양식이 변화한 적이 없다는 사실을 깨달았다. 그러나 우리의 디지털 습관만이 바뀐 것은 아니었다.

우리는 예전과는 다른 새로운 형태의 스트레스를 경험하고 있으며, 더 적게 자고 더 오래 가만히 앉아서 생활한다. 이런 현상은 우리의 뇌가 지금 미지의 영역에 놓여 있으며, 엄청난 지각 변동을 겪고 있다는 뜻이다. 그래서 이 책에서는 이러한 상황이 어떤 결과를 가져올지에 대해 다루었다.

안데르스 한센

1장

우리 뇌는 아직도
수렵 채집인이다

"몸의 진화는 왜 세상의 진화를 따라가지 못하나?"

INSTA
BRAIN

불가사의한 우리 몸의 부분, 뇌

방금 넘긴 페이지에는 1만 개의 점이 찍혀 있다. 점 하나가 20만 년 전에 동아프리카에서 인류가 탄생한 이후로 인류의 한 세대에 해당한다고 가정하자. 따라서 모든 점은 인류의 역사를 대변한다. 그럼, 이 점 중에서 자동차, 전기, 깨끗한 물, TV가 있는 세상에서 산 인류 세대는 얼마나 될까?

.... (점 8개)

컴퓨터, 휴대전화, 비행기가 있는 세상에서 산 인류 세대
는?

... (3)

스마트폰, 페이스북, 인터넷이 있는 세상에서 산 인류 세대
는?

. (1)

이 책은 우리가 아는 한 우주에서 가장 최첨단의 구조이자
우리가 경험한 모든 것, 즉 감정, 기억, 의식의 근원에 대해 다
루고 있다. 바로 뇌다. 뇌는 놀라운 방식으로 우리가 자신을
스스로 낯설고 두려워하도록, 또한 동시에 자신이라고 느끼
도록 만든다. 뇌는 광막한 시간의 바다를 건너 자신이 존재해
온 세계, 그러니까 우리에게 익숙한 마지막 점의 세계와는 근
본적으로 다른 세계에 적응해왔다.

인스타 브레인

진화는 나쁜 것도, 좋은 것도 아니다

우리는 의미도 목적도 없는 과정, 즉 진화의 결과다. 진화는 나쁜 것도, 좋은 것도 아니며 우리에게 해를 끼치거나 도움을 주려고 하지도 않는다. 그저 이 땅에서 살아가기 위한 기본적인 전제 조건이자 우리를 둘러싼 세계에 적응하도록 만들어줄 뿐이다. 그런데 진화는 어떤 식으로 모든 종이 각자의 환경에 적응하게 만드는 것일까? 이를테면, 북미의 곰 한 무리가 먼 길을 떠나 마침내 알래스카에 도착했고, 추운 북극을 떠돌아다니게 되었다고 하자. 곰은 갈색 털 때문에 눈 속에 몸을 숨기기가 어려웠고 털 때문에 유일한 사냥감인 물개에게 쉽게 발각되곤 했다. 결국 곰들은 굶어 죽을 위기에 처하게 되었다.

그런데 그때 한 암컷 곰의 난자에서 털 색깔에 영향을 주는 유전자에 무작위 변이가 일어나 하얀색 털이 만들어졌다. 소위 돌연변이가 발생한 것이다. 털이 하얀 새끼 곰은 다른 곰들보다 물개의 눈에 덜 띄었고, 그 덕분에 먹이를 좀 더 쉽게 구했다. 이는 생존 가능성을 높여주었고 이윽고 자손을 얻을 기회도 증가했다. 이후 하얀 곰의 새끼들 역시 하얀색 털을 가진 채 태어났고 덕분에 좀 더 쉬운 생존 환경에서 번식할 수 있었다.

그런 식으로 세대를 이어간 것이다. 그리고 점차 갈색 곰은 도태되고, 1만여 년 혹은 수만 년이 지난 후에 알래스카의 모든 곰은 하얀색 털을 가지게 되었다. 우리는 이 곰들을 북극곰이라고 부르고 있다.

생존과 번식 확률을 높이는 유전적 특질은 오랜 세월을 거치면서 차츰 보편적인 특질로 자리 잡는다. 인간을 포함한 모든 식물과 동물은 이런 방식으로 각자의 환경에 적응해왔다. 만약 북극곰의 털 색깔이 하얗게 바뀌기까지의 과정이 엄청난 고역일 거라 생각한다면 정답이다. 이는 아주 오랜 시간이 걸리는 일이며, 다양한 종 안에서 큰 변화가 일어나기까지는 정말이지 한참 걸린다.

만일 북극곰이 아니라 이를테면 10만 년 전에 사바나에 살던 사람을 한번 떠올려보면 어떨까. 이름을 카린(Karin)이라고 하자. 카린은 달콤하고 칼로리도 풍부한 과일이 열린 나무로 달려가 하나를 따 먹은 뒤, 배가 불러서 만족한 상태로 그 자리를 떠났다. 다음 날 아침 배가 고파진 카린은 과일을 따 먹으려고 다시 그 나무에 가보지만, 과일은 모두 없어진 상태였다. 다른 누군가가 모두 따 간 것이다. 카린이 사는 세상에서 나무에 과일이 하나도 없다는 것은 생존과 직결된 문제였다. 당시에는 인간의 15~20%가 굶어 죽었기 때문이다.

인스타 브레인

이번에는 다른 사람을 한번 가정해보자. 이름은 마리아(Maria), 마찬가지로 사바나에 살고 있다. 마리아는 단맛을 감지하는 유전자에 변이가 있어서 단 과일을 먹을 때면 뇌에서 도파민(dopamine)이 많이 분비된다. 도파민은 행복감에 영향을 미치고 어떤 일을 하도록 동기를 부여하는 물질이다(도파민에 대해서는 76쪽에 좀 더 자세히 나와 있다).

이러한 유전자 변이 때문에 마리아는 나무에 있는 모든 과일을 먹고 싶다는 강한 충동을 느끼게 된다. 하나로는 만족할 수 없어서 최대한 많이 입에 쑤셔 넣었고, 잠시 후 배가 터질 것 같은 느낌 속에서 자리를 떠났다. 다음 날 아침, 눈을 뜬 마리아는 맛있는 뭔가가 먹고 싶다는 충동을 다시 느끼고 나무로 갔다. 그러나 어제 몇 개 남겨둔 과일은 이미 다른 누군가가 따 가고 없었다. 당연히 나쁜 소식이지만, 어제 충분히 많이 먹었기 때문에 아직 허기가 느껴지지 않아서 그대로 물러났다.

두 사람 중에서 마리아가 생존 확률이 높다는 것은 어렵지 않게 추측할 수 있다. 소모하지 않은 칼로리는 뱃살의 형태로 몸에 남아서 먹을 것을 못 찾았을 때 굶주림으로부터 보호해준다. 그 덕분에 마리아는 출산을 통해 자신의 유전자를 남길 확률이 더 높아지고, 유전자 변이로 칼로리를 축적하는 특질은 다음 세대로 이어지게 되며, 그 결과 생존과 번식에 더 유리하다. 또한 여기에 환경적인 요인도 영향을 미칠 수 있다. 칼로리를 갈망하는 자손들이 점점 더 많이 태어나고 이들은 살아남을 확률도 더 높아진다. 그리고 이러한 유전적 특질은 수천 년에 걸쳐서 천천히, 그러나 분명하게 사람들 사이에서 일반적인 특질로 자리 잡게 된다.

이제 카린과 마리아를 패스트푸드점으로 가득한 오늘날의 세계로 데려와보자. 카린은 맥도날드를 보고 안으로 들어가서 햄버거 하나로 배를 채우고 나면 만족한 표정으로 매장을 나설 것이다. 다음으로 들어간 마리아는 햄버거, 감자튀김, 코카콜라, 아이스크림을 먹고 배가 터질 듯한 상태로 맥도날드를 나설 것이다. 그리고 이튿날 아침에 다시 허기를 느끼면, 맥도날드에는 어제와 마찬가지로 음식이 가득할 거라는 즐거운 확신 속에 다시 맥도날드로 갈 것이다. 그리고 어제와 같은 메뉴를 주문할 것이다.

두어 달 뒤 마리아의 몸은 과식으로 불어나고, 과체중뿐만 아니라 2형 당뇨도 앓게 될 것이다. 몸은 천정부지로 치솟은 혈당 수치를 감당하지 못할 것이다. 이제 상황이 역전된 셈이다. 사바나에서 마리아를 생존하게 해준 칼로리에 대한 갈망은 오늘날의 세계에는 적합하지 않다. 인류가 지구에 출현한 이래 99.9%에 달하는 시기 동안 생존을 도왔던 생물학적 메커니즘이 갑작스레 도움은커녕 도리어 해가 된 것이다.

이 예시는 추론이 아니라 실제 벌어지고 있는 일이다. 우리는 수백만 년 동안 진화를 통해 칼로리에 대한 갈망이 내재화된 몸으로 살고 있는데, 현대 세계에서 칼로리는 사실상 돈만 있다면 거의 무한대로 제공되고 있다. 이러한 환경 변화는 불과 두어 세대에 걸쳐서 일어나는 바람에 인류에게 변화할 만한 충분한 시간이 없었다. 순전히 생물학적 측면에서 볼 때, 우리는 여전히 먹을 것을 보면 "먹어버려. 내일 아침에는 남아 있는 게 없을걸!"이라고 외치는 뇌를 가지고 있다.

하지만 그 결과는 자명하다. 비만과 2형 당뇨는 현재 세계적인 문제다. 우리 선조들의 몸무게가 정확히 얼마였는지는 알 수 없지만, 아직도 산업화 이전 사회를 살아가며 평균 체질량지수(BMI)가 20 수준(평균 체중의 하한선)인 아프리카 부족들에게서 힌트를 얻을 수는 있다. 오늘날 미국의 평균 BMI는 29(비만 기준 경계선)이며 스웨덴은 25(과체중)다.

과체중과 비만 문제는 불과 수십 년 만에 빈곤국에서 개발도상국으로 진입한 국가에서 특히 두드러지게 나타나고 있다. 이런 국가의 국민은 불과 몇 세대 만에 굶주림의 끊임없는 위협에서 벗어나 서양의 패스트푸드 문화로 이동했다.

그런데 우리는 신체적인 부분에서만 지금의 세계와 제대로 발맞추지 못하는 게 아니라 정신적인 부분에서도 마찬가지다. 만약 마리아가 주변의 위협 때문에 항상 불안을 느끼고 이를 피하고자 대책을 세워왔다고 가정해보자. 많은 이가 사고로 목숨을 잃거나 다른 사람에게 맞아 죽고 혹은 동물에게 잡아먹히는 세계에서는 이런 불안과 대비가 생존 가능성을 높여줄 것이다. 하지만 오늘날의 안전한 세계에서 산다면, 끊임없이 사고를 대비하느라 기분만 나빠지고 불안이나 공포증에 사로잡혀 살게 될 것이다.

끊임없이 자신의 주변 환경을 살피고 과민하게 반응하며 바로바로 주변에 시선을 돌린다면, 기회를 빠르게 포착할 수 있고 위험 요소도 피할 수 있다. 덤불에서 부스럭거리는 게 먹이일 수도 있으니, 살펴보는 게 최선이다! 하지만 오늘날에도 똑같이 충동적으로 행동하고 외부 자극에 민감하게 반응한다면, 아이들은 교실에서 집중하지 못하고 가만히 앉아 있지도 못할 것이다. 그리고 이런 아이들은 주의력 결핍 및 과잉 행동 장애(ADHD) 진단을 받게 된다.

우리는 오늘날 세계에 맞게 진화하지 못했다

다른 동물과 마찬가지로 인류도 주변 환경에 맞춰서 진화했기 때문에, 우리의 특질을 만들어낸 이 세상을 살펴본다면 우리 자신을 훨씬 더 잘 이해할 수 있다. 인류의 모든 세대를 통틀어서 압도적 다수가, 즉 1만 개의 점 중에서 9,500개의 점이 수렵 채집인으로 살아왔다. 비록 어떤 세계였는지 정확히는 말하기 어려우나 우리에게 익숙한 세계와는 엄청나게 달랐을 것이다. 선사 시대의 기록이 전혀 남아 있지 않기 때문에 대략 이렇게 살았으려니 하고 짐작만 할 뿐이다. 게다가 지나치게 일반화할 수도 없다. 왜냐하면 여러 수렵 채집인 집단의 생활 조건이 어쩌면 오늘날 지구 곳곳이 다르듯이 달랐을 수도 있기 때문이다. 비록 아는 것이 제한적이고 일반화에도 어려움이 있지만, 그럼에도 수렵 채집인들의 세계와 지금 우리의 세계 사이에 어떤 차이가 있는지를 몇 문장으로 요약할 수 있다.

당시 사람들은 50~150명으로 구성된 집단생활을 했다.

오늘날 지구상 인구의 대부분은 도시에 산다.

당시 사람들은 끊임없이 이동하며 살았고 거주지가 단출했다.

오늘날에는 한곳에서 여러 해 혹은 수십 년을 산다.

당시 사람들은 평생 자신과 비슷하게 생긴 사람을 200~300명, 최대

수천 명을 보았다.

오늘날에는 평생 전 세계의 수백만 명을 본다.

당시 모든 인류의 절반은 10세가 채 되기도 전에 사망했다.

오늘날 10세가 되기 전에 사망하는 비율은 한 자릿수에 불과하다.

당시 평균 수명은 30세에 채 못 미쳤다.

오늘날 (전 세계 기준) 평균 수명은 여성이 75세, 남성이 70세이다.

당시 가장 일반적인 사망 원인은 굶주림, 탈수, 감염, 출혈, 구타였다.

오늘날 가장 일반적인 사망 원인은 심혈관 질환과 암이다.

당시 10~50%가 다른 사람에게 구타를 당해 사망했다.

오늘날 살인, 전쟁, 내전 등에 의해 죽는 비율은 1% 미만이다.

당시 사람들은 생존을 위해 바로바로 주변으로 시선을 돌리며, 항상

위험을 피하고자 주변을 살폈다.

오늘날에는 집중력을 인류의 가장 중요한 특질로 높이 사며, 예전과 같은 위협도 존재하지 않는다.

당시 움직일 수 없어서 먹을거리를 찾지 못한 사람들은 굶어 죽었다.

오늘날에는 움직이지 않고도 음식을 손에 넣을 수 있다. 배달 주문을 신청하면 집 현관문 앞으로 찾아온다.

앞선 수많은 점의 행렬을 지나 우리는 불과 2,000~3,000년 만에 주변 환경을 괄목할 정도로 바꾸었다. 혹은 200~300년 이라고도 할 수 있다! '2,000~3,000년'은 우리 관점에서야 영원처럼 길게 느껴지지만 진화의 측면에서 보면 찰나에 불과하다. 우리는 주변 환경에 맞춰서 진화해왔지만, 결과적으로 지금은 우리가 살고 있는 시대와 동떨어지게 되었다. 그 여파로 어떤 결과가 초래될지 이해하려면 우리의 모든 생각과 감정, 경험이 존재하는 곳을 자세히 살펴야 한다. 바로 인류의 뇌 말이다.

감정은 생존 전략이다

첫 호흡부터 마지막 호흡까지 우리의 뇌는 "이제 뭘 하지?"라는 단 하나의 질문에 대한 답을 찾으려고 한다. 뇌는 어제 벌어진 일에 대해서는 전혀 신경 쓰지 않으며, 오로지 현재와 미래에만 집중한다. 지금 처한 바로 그 상황을 판단하기 위해서 기억을 활용하고 감정의 도움을 받아 올바른 방향으로 이끌려고 노력한다. 그러나 뇌의 이런 활동은 '어떻게 하면 기분이 좋아질까' '어떻게 해야 경력을 쌓을 수 있을까' 혹은 '건강을 유지하려면 어떻게 해야 할까'가 아니라 우리의 선조들이 살아남아서 유전자를 물려줬던 방법에 집중되어 있다.

감정은 우리를 둘러싼 환경에 대한 반응이 아니다. 우리 주변에서 벌어지는 일과 우리 몸에서 일어나는 반응을 뇌가 모두 결합하여 만들어낸 무언가이며, 이를 통해 뇌는 우리가 다양한 행동을 취하도록 만든다. 이상한가? 그렇다면 처음부터 살펴보도록 하자. 우리는 특히 기분이 나쁠 때 자신의 감정을 이해하고 통제하고자 한다. 그러나 이게 가능해지려면 감정이 무엇인지, 왜 우리 안에 존재하는지 반드시 알아야 한다. 감정은 우리에게 풍성한 내적 삶을 가져다주는 것 이상으로 상당히 중요한 기능을 한다.

다른 모든 종과 마찬가지로 인류의 신체와 뇌는 살아남아서 유전자를 후세에 퍼뜨리라는 단 하나의 기본 원리에 기반을 두고 진화해왔다. 진화는 일련의 다양한 전략을 시도해왔다. 그중 하나가 어떤 종에게는 적으로부터 재빨리 달아날 수 있도록 민첩성을 주거나 발각되지 않도록 위장 능력을 주는 것이었다. 또 다른 전략은 긴 목 덕분에 다른 동물이 먹을 수 없는 잎사귀를 먹을 수 있었던 기린처럼 다른 종이 따라 할 수 없는 남다른 특질을 부여하는 것이었다. 또 다른 전략은 (인간이 이 경우에 해당하는데) 해당 종이 생존할 수 있는 방식으로 행동하도록 만드는 것이었다. 감정은 기본적으로, 기린의 긴 목이나 북극곰의 털 색깔과 다를 게 없는 생존 전략이다. 그러나 신체적인 속성이라기보다는 좀 더 유연하고 빠르게, 강력하게 대처할 수 있도록 도와주는 기능을 한다.

────────────────────────────── •)))

감정은 뇌를 조종한다

뺨을 긁적이는 것부터 원자 폭탄을 터뜨리는 것까지, 인간의 모든 활동은 내적인 정신 상태를 바꾸고자 하는 욕구의 결과이다. 그리고 감정이 우리를 어떻게 조종하는지 살펴볼 수 있는 출발점이다. 우리는 위협을 받으면 두려움을 느끼거나 화를 내며, 달아나거나 공격을 가한다. 몸에 에너지가 부족하면 배고픔을 느끼고 음식을 찾아 나선다.

완벽한 세계에서는 눈앞의 결정에 앞서 상상할 수 있는 모든 정보를 얻을 수 있다. 샌드위치를 먹고자 한다면 샌드위치의 영양 성분이 어떻게 되는지, 어떤 맛을 내는지, 빵은 갓 구운 것인지 등을 정확하게 알 수 있다. 또한 몸의 깊은 곳에서부터 음식물을 원하고 있는지, 샌드위치가 이런 욕구를 채우는 데 최선인지 아닌지를 알 수 있다. 이제 이런 모든 정보를 취합하여 샌드위치를 먹을지 말지에 대해 이성적인 판단을 내린다. 만약 우리의 선조 중 누군가가 이러한 '완벽한 세계'에 떨어져 꿀이 가득한 벌집 앞에 서 있다고 치자. 우리의 선조는 꿀을 손에 넣을 때 생길 수 있는 위험과 이득에 대한 모든 정보를 얻을 수 있다. 벌집에 있는 꿀의 양과 칼로리, 몸이 에너지를 얼마나 필요로 하는지, 꿀을 손에 넣으려고 벌집을 들쑤셨을 때 다칠 가능성이 얼마나 되는지, 벌 이외에 다른 위험은 없는지 등의 정보를 얻을 수 있다. 우리의 선조는 손쉽게 모든 정보를 취합하여 꿀을 손에 넣을 것인지, 그만 관심을 끌 것인지에 대한 이성적인 판단을 내릴 것이다. 그런데 문제는

인스타 브레인

우리의 선조가 살던 세계나 지금 우리가 사는 세계가 그런 완벽한 세계가 아니라는 데 있다.

이때 감정이 개입하여 우리가 다양한 행동을 하도록 만들고, 이를 통해 즉각적으로 강력하게 대응할 수 있게 만들어준다. 이성적인 판단을 내리기에 정보가 불충분하거나 결정하는 데 시간이 너무 오래 걸리면, 뇌가 빠르게 계산하여 감정이라는 형태로 답을 제시한다. 예를 들면 허기를 느끼게 하여 샌드위치를 먹게 만드는 식이다. 같은 방식으로 우리의 선조 역시 쏘일 확률이 낮거나 절박하게 음식이 필요한 상태라면 허기를 느끼고 꿀을 손에 넣기로 할 것이다. 하지만 위험이 너무 크다면 두려움을 느끼고 물러설 것이다.

마트에서 담아 먹는 젤리 코너 앞에 서면, 굶주림을 피하는 방향으로 발달한 진화적 알고리즘은 상황을 빠르게 계산하여 젤리를 먹고 싶다는 강력한 욕구로 답을 제시한다. 우리의 뇌는 음식이 남아도는 오늘날의 세계에 적응할 시간이 부족했다. 그래서 대부분 담아 먹는 젤리 코너 앞에서 이성적인 판단을 내리는 데 어려움을 겪는다. 우리는 굶어 죽을 위험을 감수하는 카린보다는 칼로리를 갈망하는 마리아의 후손일 가능성이 훨씬 크다.

왜 부정적인 감정에 더 끌릴까?

감정은 우리를 긍정적, 혹은 부정적으로 조종하여 다양한 결정을 내리게 만들지만, 혼자서 만들어지지는 않는다. 감정에는 일련의 신체 및 뇌 반응이 따라오며, 내장 기관뿐만 아니라 우리의 복잡한 사고 과정과 주변 환경을 이해하는 방식에도 영향을 미친다.

우리가 두려움을 느끼는 순간, 뇌는 즉각 코르티솔(cortisol)과 아드레날린(adrenaline)을 분비하도록 명령을 내려 심장이 좀 더 빠르고 강하게 뛰도록 만든다. 심장은 신체의 근육에 더 많은 피를 내보내 우리가 최대한의 성능을 발휘할 수 있도록 한다. 다시 말해 달아나거나 반격하도록 만드는 셈이다. 배고플 때 음식을 보면 뇌는 도파민을 분비하여 먹고 싶은 욕구를 느끼게 만든다. 도파민은 사람들 사이에 유대감을 느끼게 하는 옥시토신(oxytocin)과 마찬가지로 성적으로 흥분되었을 때에도 분비된다. 그래서 TV 내용이 아니라 옆에 있는 사람에게 집중하게 되는 것이다.

부정적인 감정은 긍정적인 감정보다 우세한데, 이는 부정적인 감정이 역사적으로 위협과 연관된 경우가 많았기 때문이다. 위협은 즉각적으로 대처해야 한다. 먹거나 마시거나 자거나 혹은 짝짓기는 나중으로 미룰 수 있어도 위협에 대한 대처는 미룰 수 없다. 이는 극도의 스트레스와 불안을 느끼는 사람이 다른 것을 생각하지 못하는 이유다. 짐작하건대 우리의 선조가 처했던 주변 환경은 분명 기회보다는 위협이 많았을 것이다. 부정적인 감정이 어쩌면 더 일반적이었을 수 있다는 점은 대부분의 언어에 긍정적인 감정어보다 부정적인 감정어가 더 많은 이유일 수도 있다. 또한 부정적인 감정은 대부분의 사람이 큰 관심을 보이는 분야이기도 하다. 갈등이나 극적인 사건이 없는 영화나 책을 누가 보려고 하겠는가?

부정적인 감정의 주된 원천은 스트레스로, 다음 장에서 스트레스가 과연 무엇인지에 대해 좀 더 자세히 살펴보겠다.

2장

우울증은 뇌의 보호 전략

"스트레스와 우울증이 우리 몸을 보호한다고?"

———

지구상에 존재하는 동물의 99%는 스트레스를 받을 경우,
3분 동안 극심한 두려움을 느낀 뒤, 두려움을 극복하거나 기절한다.
우리는 어떠한가? 우리는 30년짜리 주택담보대출 때문에
같은 수준의 스트레스를 받는다.

_로버트 새폴스키(Robert Sapolsky),
스탠퍼드대학교 신경내분비학 및 진화생물학과 교수

INSTA
BRAIN

스트레스를 받으면 왜 심박수가 올라갈까?

우리에게 스트레스는 삶의 퍼즐을 풀지 못하거나, 시험을 앞두고 공부를 충분히 하지 못했을 때, 혹은 마감일에 맞춰서 일을 끝내지 못했을 때를 의미한다. 역사적인 관점에서 보면, 뇌의 스트레스 대응 시스템을 작동시키는 일반적인 방식은 아니다.

의학 용어로 HPA축(시상하부-뇌하수체-부신축)이라고 부르는 시스템을 자세히 살펴보도록 하자. 이는 수백만 년의 세월에 걸쳐 발달한 기관으로 인류뿐만 아니라 새, 도마뱀, 개, 고양이, 원숭이 등 기본적으로 모든 척추동물에게서 찾아볼 수 있다. HPA축은 뇌의 일부인 시상하부(hypothalamus)의 'H'에서 첫 글자를 따왔다. 시상하부는 뇌 아래에 자리한 내분비 기관인 뇌하수체(pituitary gland, 'P')로 신호를 보낸다. 이어 뇌하수체는 신장 바로 위에 자리한 부신(adrenal glands, 'A')에 코르티솔이라는 호르몬을 분비하라고 요청한다. 코르티솔은 신체에서 가장 중요한 스트레스 호르몬이다.

아마도 HPA축은 인간과 동물이 극도의 위험에 처했을 때를 대비해 발달했을 것이다. 우리 선조 중 하나가 갑자기 사자를 봤다면, HPA축은 경보를 울리고 적합한 대응을 하라는 신호를 보냈을 것이다. 시상하부에서 시작된 반응은 뇌하수체에, 뇌하수체는 부신에 코르티솔을 분비하라고 요청할 것이다. 코르티솔은 에너지를 최고조로 끌어올리고 심장을 더욱 빠르고 강하게 뛰게 하는데, 스트레스 상황에서 심박수가 올라가는 것은 모두 경험으로 알 것이다. 그런데 심박수는 왜 올라갈까? 물론 사자와 맞닥뜨린 상황에서 우리 선조는 재빨리 대처하여 공격하거나 달아나야 한다. 투쟁-도피 반응(Fight or Flight Response)을 보이는 것이다. 싸우거나 가능한 한 빨리 달아나기 위해 신체의 근육은 더 많은 피가 필요해지고, 이 때문에 심장이 더 빠르고 강하게 뛰게 된다. 이게 오늘날에도 우리 안에 남아 있어서 스트레스를 받으면 심박수가 올라가는 것이다.

스트레스 대응 시스템은 이렇게 형성되었다

신체의 스트레스 대응 시스템, 즉 HPA축이 존재하는 이유는 우리에게 감정이 있는 것과 같은 이유다. 바로 생존을 위해서다. 신체의 다른 부분이나 뇌처럼 스트레스 대응 시스템도 역시 오늘날보다는 명백히 더 위험했던 세계에서 우리의 선조들이 생존할 수 있도록 돕기 위해 발달했다. 선조들이 처했던 위험은 오늘날 우리가 직면하는 위험보다 훨씬 더 빈번했고 대처도 즉각적이어야 했다. 사자를 공격할지, 아니면 그 자리에서 도망갈지를 지나치게 오래 고민하는 사람은 아마도 금세 유전자풀에서 도태되었을 것이다.

다행히도 오늘날에는 대부분 목숨을 위협받을까 봐 크게 걱정하지는 않는다. 그러나 직장에서 마감에 쫓기거나 주택담보대출 상환금이 너무 많거나 혹은 SNS에서 만족할 만큼의 '좋아요'를 받지 못하는 등 사회심리학적인 이유로 스트레스를 받는다. 이때 활성화되는 뇌의 스트레스 대응 시스템은 과거 우리 선조 때와 달라지지 않았다. 오늘날 우리가 HPA축에 가하는 스트레스는 분명 사자를 만났을 때처럼 강력하지 않지만, 여러 달 혹은 여러 해 동안 지속되는 경우가 많다. 그러나 HPA축은 이러한 변화에 맞춰서 발달하지 못한 것 같다. 뇌가 오랫동안 높은 수준의 스트레스 호르몬에 노출되면 정상적인 기능을 하지 못하게 된다. 다시 말해서 사람이 계속해서 투쟁-도피 반응 상태에 놓이면, 뇌는 싸우거나 혹은 달아나는 것만을 최우선으로 생각하게 된다. 뇌의 논리가 다음처럼 바뀌는 것이다.

- 취침 : 나중에 자지, 뭐.
- 음식 : 나중에 먹지, 뭐.
- 번식 : 나중에 하지, 뭐.

살면서 스트레스를 받았던 때가 있는가? 어쩌면 그때 복통이나 수면 부족 혹은 성욕 감퇴 등에 시달렸을지도 모른다. 안타깝게도 너무 많은 사람이 이런 경험을 했을 것이다. 하지만 뇌가 즉각적인 문제 해결과 관련 없는 것들을 어떤 식으로 후순위로 밀어내는지 깨닫는다면, 장기적인 스트레스가 미치는

인스타 브레인

영향에 놀랄 필요가 없다. 그러나 장기적인 스트레스의 여파는 위에 언급한 것만으로 끝나지 않는다. 스트레스는 우리의 사고 기능에도 영향을 미친다. 적당한 스트레스는 이성을 예리하게 만들어주지만 지나치면 명료한 사고를 할 수 없게 만든다.

극도의 스트레스를 받으면 인간 뇌에서 가장 고도로 발달한 독특한 부분을 사용하지 못하게 된다. 그저 진화에 따라 오래되고 원초적인 부분에 의존하게 된다. 이렇게 되면 스트레스 상황에는 빠르고 강력하게 대처할지 몰라도, 바로 뇌의 '생각하는' 부분의 도움을 받지 못하여 결국에는 문제를 더 키우게 될 수도 있다.

극도의 스트레스 상황에서 우리는 싸우거나 달아나게 되고, 결국 정교하게 문제를 바라볼 기회를 놓치고 만다. 뇌는 빠르게 결정을 내리고 싶어 하며, 사회적 요령보다는 즉각적인 문제 해결이 1순위인 '트러블 슛(trouble shoot) 모드'로 진입하기를 원한다. 주변에서 문제가 보이면 곧바로 강하게 반응을 하게 되고, 이 때문에 사소한 일에도 짜증이 솟구치는 것이다. 예를 들어 "대체 왜 빌어먹을 양말을 방바닥에 두냐고!"라고 소리치는 것처럼 말이다.

극도의 스트레스를 받으면 주변을 둘러보며 즐길 여유를

잃게 되어 많은 이가 쉽게 이성을 잃고는 한다. 우리는 잘 지내는다는 느낌이 들어야 경계를 늦추는데, 위협을 받는 뇌에서는 이 느낌이 우선순위에서 맨 끝에 위치한다. 그러므로 극도의 스트레스를 받는 동안에는 기분이 자주 나쁘다. 뇌가 우선순위에서 밀어내는 또 다른 기능은 장기 기억에 저장하는 것이다. 기억은 뇌의 여러 부분이 연결되면서 만들어지는데, 이러한 연결고리는 뇌의 기억 저장소인 해마(hippocampus)에서 담당한다. 연결고리와 기억을 강화하려면 해마가 새로 형성된 기억 회로에 신호를 보내야 한다. 그러나 극심한 스트레스를 받게 되면 그럴 겨를이 없어지고, 그 결과 많은 사람이 스트레스 상황에서 기억력이 감퇴하게 된다.

편도체, 우리 몸의 화재경보기

2018년 어느 여름날, 나는 이탈리아 알프스에서 하이킹을 하고 있었다. 그런데 갑자기 나도 모르게 풀이 무성한 초원에 멈춰 서서 마치 얼어붙은 듯 꼼짝도 하지 못했다. 왜 심장이 갑자기 빠르고 강하게 뛰는지 알 수가 없었다. 몇 미터 뒤에서 따라오던 친구가 놀라서 괜찮냐고 물었다. 그제야 나는 무슨 일 때문인지 이해가 되었다. 앞에 펼쳐진 풀밭에 회색 고무관이 놓여 있었는데, 몇 미터 떨어진 거리에서 보고 뱀으로 착각한 것이다. 내 뇌가 나도 알아차리지 못하는 사이에 주변 환경을 스캔하여 '뱀'을 발견하고 경고음을 울려서 나를 멈춰 세웠고, 나는 몇 초가 지나서야 그게 그저 고무관이라는 사실을 깨달은 것이다.

오늘날 우리는 우리가 보인 반응 뒤에 어떤 시스템이 작용하는지 안다. 반응을 뒤에서 관장하는 주인공은 뇌의 일부분인 편도체(amygdala)로, 아몬드(almond)를 닮았다고 해서 붙여진 이름이다. 편도체는 1980년대에 발견되었는데, 처음 발견된 아몬드 모양 외에도 더 많은 부분이 편도체에 속한다는 사실이 나중에 밝혀졌다. 하지만 이미 명칭이 정해져서 처음 그대로 쓰고 있을 뿐이다.

편도체는 여러 중요한 기능을 수행하는데, 기억과 감정뿐만 아니라 다른 사람의 기분을 해석하는 데도 영향을 미친다. 그러나 가장 중요한 임무는 우리 주변의 위험을 탐색하고 발견하는 즉시 경고음을 울리는 것이다. 경고음은 편도체가 스트레스 대응 시스템, 그러니까 HPA축을 작동시켰다는 뜻이다. 편도체가 작동하는 방식을 통상 '화재경보 원칙'이라고 부른다. 한 번 덜 울리기보다는 한 번 더 울리는 식이다. 이 과정

스트레스는 없어서는 안 되는 것

'스트레스'라는 말에는 부정적인 뉘앙스가 있지만 제 기능을 발휘하려면 스트레스가 꼭 필요하다. 단기간의 스트레스는 집중력을 높이고 사고 기능을 예리하게 만든다. 다시 말해 직장에서 하루 혹은 일주일 정도는 힘겨운 나날을 보내도 별반 이상이 없다는 말이다.

신체의 스트레스 대응 시스템은 우리가 정상적으로 활동하는 데 아주 중요하다. HPA축을 제거한 실험동물에게 어떤 일이 벌어지는지 살펴보면 이해가 쉽다. 이 실험동물들은 만사에 심드렁하고 아무런 일도 할 수 없으며 일부는 심지어 먹는 것에조차 관심을 보이지 않는다. 그런데 피로증후군을 보이는 사람들에게서도 이와 유사한 패턴을 관찰할 수 있다. 피로증후군은 어마어마한 피곤을 느끼며 HPA축이 더는 정상적으로 활성화되지 않는 탓에 침대에서 일어나는 것조차 불가능한 상태다. 뇌에 주는 부담이 너무 강하고 오래 지속된 탓으로 보인다.

인스타 브레인

은 빠르게 일어나지만 정확성은 떨어진다. 내 편도체는 뱀일지도 모르는 뭔가를 발견하고 즉각 경고 버튼을 눌렀고 그 때문에 나는 멈춰 섰다. 나중에 후회하는 것보다 조심하는 게 낫기 때문이다.

책의 앞부분에서 이야기했듯이, 대부분의 인류 세대는 목숨이 경각에 달린 세계에서 살았으며 그중 절반은 10세까지 살아남지도 못했다. 역사적인 관점에서 볼 때, 화재경보 원칙은 생사가 걸린 문제였다. 사자를 떠올리게 하는 모든 것으로부터 달아나는 사람은 가만히 서 있는 사람보다 생존할 확률이 높다. 경고음이 한 번 덜 울려서 죽을 수도 있다면, 한 번 더 울려서 나쁠 게 뭐가 있겠는가? 편도체의 경솔함이 1점 득점이다.

편도체는 항상 우리를 스캔한다

편도체는 위험을 느낄 때뿐만 아니라 평소에도 계속 활성화되어 있다. 이 책을 읽거나 오디오북을 듣는 지금도 우리는 자신도 모르게 주변을 스캔하고 있다. 그런데 편도체가 위험을 살피는 게 나쁜 걸까? 나쁜 것은 아니다. 하지만 편도체의 활성화는 거의 모든 곳에서 시작될 수 있다. 예를 들어, 길거리에서 큰 소리가 나거나 회의에 늦거나, 프레젠테이션을 제대로 하지 못했거나 혹은 인스타그램 피드에 만족할 만큼 '하트'를 못 받았을 때 활성화될 수 있다. 편도체는 모든 것에 반응할 수 있다! 주변에 자극이 많을수록 살펴볼 게 더 많아진다.

이론적으로는 모든 게 편도체 활동을 가속시킬 수 있다. 뱀, 거미, 높은 곳, 좁은 공간 등 모든 게 가능하다. 이상하다고 느낄 수도 있다. 스웨덴에서 매년 뱀이나 거미에 물려서 죽는 경우는 극히 드물지만, 교통사고로 죽는 사람은 250명에 달하며 흡연으로 죽는 사람도 수만 명에 이르기 때문이다. 편도체는 당연히 담뱃갑이나 안전벨트를 하지 않고 운전할 때에도 반응해야 한다. 그런데도 뱀, 거미, 높은 곳에 반응하다니. 어째서일까? 그렇다. 이런 것들이 수천 세대 동안 우리 선조의 목숨을 앗아갔기 때문이다. 진화의 관점에서 볼 때, 편도체는 자동차나 담배의 위협에 적응할 시간이 부족했다. 대도시에 사는 사람이 뱀이나 거미 공포증으로 심리적인 도움을 청하는 경우가 자동차 공포증보다 더 많은데, 그 이유가 합리적으로 설명이 된다. 또한 이는 진화를 통해 만들어온 세계와 현재 살고 있는 세계 사이의 뚜렷한 불일치를 보여준다.

불안은 몸의 보호 장치

불안. 이 단어를 보는 것만으로도 기분이 나빠진다. 과연 불안이란 무엇일까? 기본적으로 불안은 생존 기능이다. 아마 강력한 불안을 경험한 적이 있는 사람들은 이해하기 어려울 것이다. 불안은 불편한 느낌이 극에 달한 감정으로, 위협을 느꼈을 때 찾아오며 이때 신체의 스트레스 대응 시스템이 작동한다.

일례로 대학에 입학하려고 갖은 노력을 기울였고 몇 주 전에 입학시험을 치렀다고 치자. 시험 결과는 방금 대학교 홈페이지에 게시되었으며 당신은 홈페이지에 들어가 초조하게 자신의 이름을 찾고 있다. 그리고…… 불합격했다. 안 돼! 아냐! 이럴 수가! 심박수가 빨라지고 생각이 미친 듯이 내달린다. "대학에 가려고 회사도 그만뒀다고. 스톡홀름에 이미 살 집도 마련했단 말이야! 다들 뭐라고 하겠어?" 이런 경우에 당신은 강한 스트레스를 느낄 것이다. 심장은 근육에 더 많은 피를 공급하기 위해서 더욱 빠르고 강하게 뛴다. 위험에 직면했을 때 최대한의 성능을 발휘하게 하려고 할 때와 마찬가지다. 비록 시험 결과에는 일말의 영향도 없겠지만, 당신의 몸은 맞서 싸우거나 달아날 준비를 하고 있는 게 자명하다.

여러분은 언제 가장 큰 스트레스를 받는가? 어쩌면 다른 사람들 앞에서 말할 때 그럴지도 모르겠다. 많은 사람이 다른 사람들 앞에서 말할 때 스트레스를 느끼는 탓에 심지어 '발언공포증(Glossophobia)'이라는 단어까지 생겼다. 다른 사람들의 시선이 나를 향할 때 불편을 느끼는 이유는 인류의 진화 과정에서 아마도 무리에서 배제되지 않는 게 정말 중요했기 때문일 것이다. 평가를 받고 사회적으로 굴욕을 당하고, 그래서 무리에서 배제될지도 모르는 상황에 대처하기 위해 뇌가 스트레스 대응 시스템을 작동시켜 심장이 펄떡이기 시작하는 것이다.

우리가 주변의 평가에 본능적으로 민감한 것은 뇌가 아직 현대 사회에 적응하지 못했다는 또 하나의 사례이기도 하다. 직장에서 프레젠테이션을 제대로 못 했다고 해서 바로 직장을 잃고 굶어 죽을 위기에 처할 가능성은 매우 낮다. 그러나 우리가 발달시켜온 세계에서는 무리에서 배제되는 것은 생사와 직결되었다. 소속감은 안정감뿐만 아니라 생존의 문제였다. 외톨이는 살아남는 게 불가능했다.

이제 시험을 치르기 몇 주 전으로 시계를 돌려보자. 잠도 제대로 못 자고 식욕도 떨어진 데다가 온통 불안감으로 가득하다. 만약 불합격하면 어떻게 할까 하는 생각을 멈출 수가 없다. 이것이 불안이다. 이때 몸에서는 어떤 시스템이 작동하고 있을까? HPA축이다! 불안과 스트레스 상황에서 모두 똑같은 투쟁-도피 반응이 활성화된다. 그러나 활성화된 원인은 다르다. 스트레스가 위협이 되는 어떤 것에 대한 반응이라면, 불안은 위협이 될 수도 있는 어떤 것에 대한 반응이다.

스트레스는 위험에 대처하는 데 도움이 된다. 그런데 불안은 왜 느끼는 걸까? 시험을 앞두고 컨디션이 최고조여야 좋은 것 아닌가? 그런데 그게 그리 간단하지 않다. 불안은 중요한 뭔가를 계획하고 집중하도록 도와준다. '어떻게든 되겠지'라고 생각하면서 공부 대신 넷플릭스를 본다면, 그 사람은 시험에 합격할 가능성이 약할 수밖에 없다.

•))) 심지어는 불합리해 보이는 불안도 합리적이다

중요한 시험을 앞두고 떨어질지도 모른다면서 불안해하는 사람은 쉽게 이해할 수 있다. 그러나 일어날 가능성이 희박한 사건도 불안을 유발할 수 있다. 예를 들어 "만약 지구가 박살 나면 어쩌지!" 같은 것 말이다. 불안을 느끼는 사람들은 많은 경우 대체로 일어날 확률이 낮은 재난들이 자신 앞에 줄지어 서 있는 것처럼 느낀다. 개중에는 다른 것과 특별한 연결고리도 없는데 무작정 불안을 경험하기도 한다. 이러한 은근한 불안은 그저 그 자리에서 가만히 조바심을 내게 하는데, 이들은 불안의 실체가 없다는 것을 알지만 떨쳐낼 수가 없다.

몇몇 사람들이 불안거리를 일부러 찾아다니는 것처럼 보이기도 하는데, 이는 인류 역사의 관점에서 볼 때 최소한도로 위험하다고 의심되는 순간, 스트레스 대응 시스템을 작동시켜야 생명을 유지할 수 있었기 때문이다. 앞서 말한 화재경보 원칙을 다시 떠올려보면 된다. 그러나 오늘날에는 스트레스 대응 시스템이 전혀 다른 이유로 불필요하게 작동되고는 한다. 관심 있는 여성에게 문자를 보냈는데 생각만큼 빨리 답장이 안 오면, "날 안 좋아하나 봐. 난 쓸모가 없어. 죽을 때까지 아무도 못 사귈 거야"라고 생각한다. 그리고 HPA축은 배제될지도 모른다는 위협에 대응하기 위해 활성화되기 시작한다.

기본적으로 풀숲에서 부스럭거린 게 뱀일지도 모른다고 생각하는 것과 똑같다. HPA축은 그 자리에서 달아날 수 있도록 활성화된다. 그저 바람이 불었을 뿐이며 신경 쓰지 않아도 된다고 생각할 수도 있는데 말이다. 불확실할 때는 일단 안전을 최우선으로 두는 게 우리 선조가 살던 세계에서는 중요했다. 그러나 지금 우리 세계에서는 그렇지 않다.

스트레스가 다 지나간 다음에 찾아오는 우울증

969,516. 나는 곧 내가 잘못 읽었겠거니 생각했다. 그러나 제대로 읽었다. 스웨덴 보건당국(Socialstyrelsen)의 데이터베이스를 보면, 2018년 12월 기준 16세 이상 스웨덴인 중 약 100만 명이 항우울제를 처방받고 있다고 한다. 이는 성인 10명 중 9명을 웃도는 수치다. 우리는 더 오래 살고, 더 건강하며, 클릭한 번이면 전 세계의 오락물에 접속할 수 있다. 그런데도 우리는 그 어느 때보다도 더 우울해 보인다. 어쩌다가 이렇게 되었을까?

> 저는 IT 컨설턴트로 올봄 내내 일 때문에 어마어마한 스트레스를 받았습니다. 게다가 우리 아들은 심리적인 문제 때문에 학교에 가지를 않았고, 그 무렵에 또 아파트를 미처 처분하지 못하고 주택을 사는 바람에 경제적으로 압박을 받았죠. 잠을 거의 못 잤고 기분도 너무 안

불안은 인간 고유의 특질이다

HPA축은 개, 고양이, 쥐, 그 외 다른 동물들이 스트레스 및 위협에 대처하는 데 결정적인 역할을 하지만, 동물들이 HPA축을 사용하는 방식은 우리와는 다르다. 쥐가 아무리 노력해도 이듬해 여름에 자신의 영역에 고양이 수가 늘어날지 모른다면서 자신의 HPA축을 활성화시킬 수는 없다. 어떤 백상아리도 지구 온난화로 향후 10년 동안 물개의 개체수가 줄어들 거라고 걱정하면서 코르티솔을 분비하지 않는다. 오히려 "만약 시험에 떨어지면 어쩌지" "만약 직장에서 프레젠테이션을 망치면 어쩌지" "만약 아내가 나를 떠나면 어쩌지" 같은 앞선 걱정이 인간의 HPA축을 활성화시킨다.

미래를 예측하는 능력은 인간의 가장 중요한 특질일지도 모르지만, 이것 때문에 피하고 싶은 것까지 예견하기도 한다. 어쩌면 해고를 당할지도 모른다, 어쩌면 버려질지도 모른다, 어쩌면 주택담보대출금을 상환하지 못할지도 모른다는 생각으로 스트레스 대응 시스템이 작동하면서 우리의 지적 능력으로 인한 대가를 치르게 되는 것이다. 뇌는 진짜 위협과 상상한 위협을 구분하기 어려워한다.

불안은 미리 스트레스 대응 시스템을 작동하는 것으로, 신체가 선제적 조치를 취하는 게 이상할 것은 없다. 소파에 누워 있다가 일어나려면 몸을 일으키기 전부터 혈압이 높아져야 한다. 그렇지 않으면 어지럼증을 느끼게 된다. 마찬가지로 불안은 신체가 사전에 스트레스 대응 시스템을 작동시킨다는 것을 뜻한다.

그런데 항상 불안을 느끼는 사람은 스트레스 대응 시스템이 늘 작동하는 것과 마찬가지다. 완전하게 작동한다기보다는 항상 바로 작동할 수 있도록 대기 중인 셈이다. 위험이 나타나면 바로 대응할 수 있도록 말이다. 그 결과 신체

인스타 브레인

는 항상 움직이고 싶어 하고 지금 있는 자리에서 벗어나고자 한다. 이는 아래와 같은 다양한 결과를 초래할 수 있다.

주의력 결핍증 지루함이나 호기심 때문이 아니라 항상 그냥 뭔가 새로운 것이 필요하다고 막연하게 느낀다. 그곳이 어디든 지금 있는 자리에 머물러 있고 싶지 않다. 방에서 서둘러 나가려고 회의를 중단하기도 한다. 식탁에서 일어나려고 허겁지겁 먹는다. 통화한 지 얼마 되지도 않아서 전화를 끊는다. 기타 등등.

좌불안석 도망치거나 싸울 대상이 없는데도 신체의 근육이 도망치거나 맞서 싸우는 데 맞게 설정되어 있다. 몸의 근육은 움직이고 싶어 하고 가만히 있지를 못한다. 물건을 만지작거리거나 머리카락을 배배 꼬며 바닥에 발을 동동 구른다. 아니면 아플 정도로 목덜미와 어깨 근육이 뭉쳐 있고, 밤에는 뺨 근육이 긴장되어 있고 이를 간다.

피로함 경보 태세를 항상 갖추기 위해서는 에너지가 필요하다. 정말이지 많은 에너지가 소모된다. 그래서 학교나 직장에서 집으로 돌아오면 너무 피곤하고 기력이 완전히 소진된 것만 같다.

위장 장애 만약 싸우거나 도망쳐야 하는 순간이 오면 우리의 몸은 음식 섭취가 아니라 다른 기능들을 우선순위로 삼는다. 누군가의 점심밥이 되기 직전인 상황에 음식을 먹는 것은 별반 의미가 없기 때문이다.

불쾌 식사를 마친 직후에 빠르게 달려본 적이 있는가? 배가 음식으로 가득 찬 상태에서라면 기분이 좋기는 상당히 어렵다. 불안과 강한 스트레스 때문에 불쾌감을 느끼는 것은 도망치거나 싸울 수 있도록 신체가 배에 찬 음식을 밀어내려고 노력하기 때문이다. 그래서 많은 배우와 아티스트들이 개막 공연이나 콘서트를 앞두고 너무 불안, 초조한 나머지 구역감을 느끼기도 한다.

입이 마르는 느낌 신체가 맞서 싸울 준비를 하면 피가 근육으로 이동한다. 더 많은 산소와 영양분을 공급하여 최대한의 성능을 발휘하게 만들기 위해서다. 그러다 보니 피의 수분을 가져다 침을 분비하는 입의 3개의 침샘에는 침을 분비할 수 있는 혈액 공급이 적어진다. 그 결과 입이 마르게 된다.

식은땀 싸우거나 도망칠 때 우리의 몸은 체온이 올라가기 때문에 이를 낮추기 위해서 땀을 흘리게 된다. 신체가 최대한의 성능을 발휘하고자 대기 중인 상태일 때 식은땀을 흘려서 미리 온도를 낮추는 것이다.

좋았지만 계속해서 제 할 일을 했습니다. 다행히 여름 들어서 모든 게 제자리를 찾았습니다. 아파트는 팔렸고 아들은 제대로 된 도움을 받았죠. 직장에서도 안정을 찾았습니다.

목이 빠지게 기다리던 휴가에 가족과 함께 한 2주 정도 스페인으로 여행을 갔는데, 거기서 뭔가 잘못됐다는 것을 깨달았습니다. 도저히 침대에서 일어날 수가 없는데 마치 세상이 무너진 것처럼 한바탕 울고 난 듯한 기분이었습니다. 아무것도 재미있지가 않았습니다. 모든 게 칠흑처럼 어둡게 느껴졌어요. 제가 유일하게 원했던 건 자는 거였고 실제로 그렇게 했습니다. 하루에 14~15시간을 잤죠. 그럼에도 쉰 것 같지가 않았어요. 집에 돌아와서 보건소에 찾아갔습니다. 심전도 검사와 혈액 검사를 하고 진단을 받았죠. 번아웃이라는 거예요. 전 전혀 이해할 수가 없었습니다. 스트레스는 다 지나갔는데 말이죠! 왜 모든 게 다 차분해진 지금에 와서야 그런 거죠?

이 환자가 빠진 우울증은 역사적인 관점에서 보더라도 비논리적으로 보인다. 불안은 살아남도록 도움을 주었으니 쉽게 이해가 되지만, 우울한 사람들은 세상에서 도망치려 하고 잠도 잘 못 자고 다른 사람들로부터 자신을 고립시키며 섹스에 대한 흥미도 잃는다. 이 모든 증상은 생존하여 자신의 유전자를 후세에 남길 확률을 낮춘다. 그리고 왜 스트레스 시기가 지난 다음에 우울증이 자주 발생할까?

우리 뇌가 회피를 좋아하는 이유

우울증에 걸리는 가장 일반적인 원인은 장기적인 스트레스다. 우리는 인생의 퍼즐을 맞추기 어려울 때 자주 스트레스를 받지만, 우리 선조들은 육식동물이나 자신을 때려죽이려는 다른 사람들, 굶주림, 감염병 등을 맞닥뜨렸을 때 스트레스 대응 시스템을 활성화시켰다. 지금의 우리처럼 터질 듯한 메일함이나 수리로 엉망이 된 욕실 때문이 아니다. 만약 오랫동안 극심한 스트레스에 노출되었다면, 이 사람은 위험으로 가득 찬 세계에 놓인 셈이다. 그리고 이러한 감각은 여전히 우리 안에 살아 있다.

뇌는 극심한 스트레스를 받으면 곳곳에 위험이 산재해 있다고 해석하며, 몸을 사리고 이불을 머리에 뒤집어쓰는 게 도움이 된다고 판단한다. 그런데 뇌가 그렇게 판단하고 행동하도록 만드는 것은 무엇일까? 당연히 감정이다! 뇌는 우리의 기분을 통해 주변 환경이 위험으로 가득 차 있다고 판단하고 그 자리에서 도망치라고 조종한다. 우울감을 느끼게 하여 스스로를 고립시키는 것이다.

만약 뇌가 오늘날의 세계에 완벽하게 적응했더라면 장기적인 스트레스는 지금의 세계에 좀 더 잘 대응할 수 있도록 우리를 이끌어주었을 것이다. 하지만 앞에 예로 든 내 환자에게 스트레스를 주던 요인들은 머리 위로 이불을 뒤집어쓴다고 해결될 게 아니다. 그런데 뇌는 이러한 논리를 무시하고 도망치라는 신호를 보낸 것이다. 뇌가 오늘날의 세계에 맞춰 발달하지 못한 탓이다. 대신 회피를 해결책으로 제시한다. 왜냐하면 뇌는 스트레스를 세계가 위험하다는 신호로 해석하기 때문이다. 이는 지구상에 인류가 출현한 이래 대부분의 시기 동안 유효했던 스트레스의 의미다.

'그건 그냥 추측 아닌가'라는 생각이 든다면 올바르게 추론한 것이다. 우리의 감정과 행동에 진화적인 해설을 가져다 붙일 때는 주의해야 한다. 그러나 우울증이 위험한 세계에서 자신을 보호하려는 뇌의 전략일 수 있다는 주장을 뒷받침하는 몇 가지 실마리가 있다. 이러한 실마리는 예기치 못한 곳에서 찾아볼 수 있는데, 바로 면역 체계다.

우울증, 스스로를 보호하려는 뇌의 전략

유전자가 우울감을 느끼는 데 영향을 미치지만, 단 하나의 '우울증 유전자'가 존재하지는 않는다. 수백 개의 다양한 유전자가 조금씩 영향을 미칠 뿐이다. 유전자는 우울증에 걸릴지 말지를 결정하는 게 아니라, 우울증에 빠지도록 어느 정도 취약하게 만든다. 여기에 어떤 유전자들이 관여하는지 연구들이 진행되었고 놀라운 결과를 얻어냈다. 우울증 위험을 키우는 여러 유전자가 면역 체계를 활성화시키는 데도 관여하고 있었다. 우울증과 신체 면역 체계의 예기치 못한 유전적인 연결고리는 우울증이 질병의 감염으로부터 우리를 지키려는 뇌의 방어책이 아닌지 고민하게 했다.

지금 우리 입장에서 보면 이는 설득력이 없어 보인다. 세균성 감염증에 걸리면 항생제를 투여하면 되고 항생제는 질병 퇴치에 도움이 된다. 페니실린은 1928년에 처음 발견되었는데, 무려 1900년대 초에 미국에서는 채 5세가 되기도 전에 어린아이 3명 중 1명이 사망했다. 이전 세기말 기준 사망 원인은 폐렴, 인플루엔자, 결핵, 설사 순이었다. 모두 감염성 질병이었다. 우리 선조들이 살던 때로 거슬러 올라가면 감염성 질병의 사망자 수가 더욱 많았을 것이다. 사냥에서 부상당한 사람은 출혈뿐만 아니라 상처 감염으로도 사망했을 것이다.

따라서 감염증으로부터 스스로를 보호하기 위해 우리 몸은 일련의 다양한 진화 메커니즘을 구축했다고 보는 게 당연하다. 그중 하나가 우리의 효과적인 면역 체계이고 또 다른 하나는 상한 음식을 먹고 느끼는 구역감이다. 소위 '행동 면역 체계(behavioral immune system)'다. 그 밖의 메커니즘으로는 감염 혹은 부상 위험이 있을 때 몸을 사리게 하는 것이다. 바로 이게 우울증과 감염증 간의 연결고리가 될 수 있다. 우울증에 걸릴 가능성에 영향을 미치는 여러 유전자에는 두 가지 임무가 있는 것 같다. 바로 면역 체계를 활성화하는 것과 위험, 부상, 감염으로부터 몸을 사리는 것이다. 그리고 후자는 우울감을 느끼게 하여 목적을 달성하게 된다.

그러나 유전자는 부상당했을 때만이 아니라 부상당할 위험이 있을 때도 활성화된다. 이때 유전자는 면역 체계가 박테리아와 바이러스에 맞설 수 있도록 준비를 시킨다. 그러면 부상당할 위험이 있을 때는 어떻게 될까? 그렇다, 세계는 위협으로 가득 차 있다고 경고를 한다! 그럼, 우리 주변에 수많은 위협이 있다는 경고 신호는 어떻게 보낼까? 바로 극도의 스트레스다!

우울한 건 내 잘못이 아니야

앞서 예로 든 극도의 스트레스를 겪은 이후, 휴가 동안 우울증을 경험한 환자의 경우에도 뇌가 위험, 감염, 죽음의 가능성으로부터 자신을 보호하려고 한 셈이다. 그가 호텔 방에 누워 삶이 절망적이라고 생각할 때, 그의 뇌는 우리의 선조들이 직면했던 것과 같은 일련의 진화적인 문제를 풀어야 했다. 내 환자를 비롯해 우울증에 걸린 모든 이에게 '우울증은 우리를 도와주기 위해 발달했을 수 있다'는 말은 얄팍한 위로로 들릴지도 모르겠다.

정신과 의사로서 나는 환자들이 자신의 감정이 신체에 미치는 영향을 이해하는 게 얼마나 중요한지 깨달았다. 불안이 위험에서 우리를 구하고 우울증이 감염증과 다툼에서 우리를 지켜준다는 사실을 알게 된다면, 환자들은 '우울한 건 내 잘못이 아니야. 내 뇌는 지금 내가 사는 곳과는 다른 세계에 맞춰진 행동을 하고 있을 뿐이야'라고 생각할 수 있다.

몸이 보내는 경고 신호

우리는 장기적인 스트레스가 우울증을 유발할 수 있다는 사실을 알아야 한다. 그리고 기본적으로 스트레스가 음식, 수면, 기분, 성욕보다 투쟁-도피 반응을 우선시하도록 우리 몸에 어떻게 영향을 주는지도 알아야 한다. 그런데 이러한 사실을 왜 이해해야 하는지에 대한 또 다른 이유가 있다. 스트레스로 힘들어하는 대부분의 사람들은 수면 장애, 복통, 감염에 대한 민감도 상승, 이갈이, 단기 기억 감퇴 및 초조 등의 형태로 여러 차례 경고음을 들었을 것이다. 그런데 왜 이들은 이런 경고를 무시했을까?

내가 볼 때 사람들은 이게 경고 신호라는 것을 이해하지 못했다. 자신의 증상을 스트레스와 연결 짓지 못한 것이다. 안타까운 일이다. 만약 여유가 있었더라면, 이를테면 우울증에 빠질 확률을 낮출 수 있었을 텐데 말이다. 우울증을 비롯해 스트레스와 관련된 문제는 치료보다 예방이 훨씬 쉬우며, 따라서 스트레스 증상은 신이 선물한 경고 깃발인 셈이다. 스트레스의 실체가 무엇인지, 스트레스가 어떻게 나타나는지 이해하면 너무 늦기 전에 그 속도를 늦출 수 있다.

'가장 강한 자만이 살아남는다'라는 말이
항상 유효한 것은 아니다

우울증 위험을 높이는 유전자 중 하나는 뇌에서 세로토닌
(serotonin)이라는 물질을 분비하는 데 중추적인 역할을 하며,
또한 스트레스에 더욱 취약하게 만든다. 인위적으로 이 유전
자를 제거한 쥐는 스트레스를 좀 더 잘 견뎌냈다. 애초에 이런
유전자를 왜 만들어냈는지, 진화 과정에서 왜 사라지지 않았
는지 의아해할지도 모르겠다.

어쩌면 가장 강하고 현명하고 스트레스에 강한 사람이 항
상 살아남는 것은 아니기 때문일지도 모른다. 우리에게는 위
험과 갈등을 피하고 감염증을 극복하고 음식이 부족한 세상
에서 굶어 죽지 않는 것이 매우 중요했다. 그리고 많은 사람이
우울과 불안에 사로잡히는 중요한 이유는 이것들이 우리의
생존을 도와주었기 때문일지도 모른다.

우리 감정이 어떤 기능을 수행하고 있는지, 불안과 우울감
이 생존에 얼마나 결정적인 역할을 했는지, 신체의 스트레스
대응 시스템이 목숨을 위협하는 세계에서 우리를 보호하기
위해 어떤 식으로 발달했는지에 대해 전반적으로 그림이 그

려졌기를 바란다. 이제 이러한 기본 조건들이 우리의 현대적인 온라인 세계에서 어떠한 결과를 초래하는지 살펴보겠다.

3장

몸이 되어버린 신종 모르핀, 휴대전화

"잡스는 왜 자기 아이의 휴대전화 사용은 제한했을까?"

———

당신이 최대한 많은 시간과 관심을 쏟도록
우리는 어떻게 하고 있을까?
우리는 인간 심리의 취약점을 이용하고 있다.
약간의 도파민을 투여하는 것이다.

_손 파커(Sean Parker), 페이스북 전 사장 겸 창업 멤버

우리는 하루에 2,600번 휴대전화를 만진다

지금 휴대전화가 눈앞에 없다고 해도 어디에 있는지는 알고 있을 것이다. 나는 그렇게 확신한다. 왜냐하면 만약 휴대전화가 어디에 있는지 모른다면 지금 이 책에 집중하지 못할 테니까 말이다. 우리는 아침에 눈을 뜨면 가장 먼저 휴대전화로 손을 뻗고, 잠들기 전에는 마지막으로 협탁에 휴대전화를 올려둔다. 우리는 하루에 2,600번 이상 휴대전화를 만지며 깨어 있는 동안에는 평균 10분에 한 번씩 들여다본다. 깨어 있는 시간도 부족해서 3명 중 1명(18~24세 가운데에서는 50%)은 한밤중에도 최소 한 번은 휴대전화를 들여다본다.

만약 휴대전화를 없애버리면 우리 세상도 함께 무너질 것이다. 우리 중 40%는 휴대전화만 쓸 수 있다면 온종일 말 한마디 하지 못해도 괜찮다고 말한다. 진짜다! 시내, 카페, 레스토랑, 버스, 저녁 식사 자리, 심지어는 헬스장에서도, 우리는 그곳이 어디든지 휴대전화에 시선을 고정하고 있다. 어찌나 휴대전화를 좋아하는지, 완전히 중독 상태다! 그러나 휴대전화와 디스플레이가 어떻게 전 세계를 사로잡았는지 이해하려면, 다시금 우리의 뇌를 들여다봐야 한다.

몸의 엔진, 도파민

뇌의 전달 물질 중 하나를 주제로 책을 쓰고 싶다면 도파민을 택하는 것도 나쁘지 않다. 휴대전화가 어째서 그렇게 유혹적인지를 이해하는 데도 도움이 된다. 종종 도파민을 보상 물질로 묘사하는데 완전히 다 맞는 말은 아니다. 도파민의 가장 중요한 임무는 기분을 좋게 만드는 게 아니라 어디에 집중해야 할지 선택하게 만드는 것이다. 도파민은 바로 우리의 엔진이다.

배가 고플 때 누군가가 식탁에 음식을 차려놓으면, 그 음식을 보는 것만으로도 도파민 수치가 올라간다. 음식을 먹어서 도파민 수치가 증가하는 게 아니라 도파민은 음식을 먹고 싶게 만들고 "바로 여기에 집중해"라고 말하는 것이다. 도파민이 만족감을 주는 것 외에도 다양한 일을 하도록 동기를 부여한다면, 어째서 뒤늦게 분비되는 걸까? 아마 '신체에서 분비되는 모르핀'인 엔도르핀(endorphin)이 여기에서 중요한 역할을 하는 것 같다. 도파민은 눈앞에 있는 맛있는 것을 먹고 싶게 만들지만, 그 음식을 맛있다고 느끼게 만드는 것은 엔도르핀이기 때문이다.

도파민은 뇌의 보상 시스템에서 중요한 역할을 하며, 스트레스 대응 시스템과 마찬가지로 수백만 년에 걸쳐 진화해왔다. 그리고 이 두 시스템 모두에게 오늘날의 사회는 낯선 세계다. 보상 시스템은 우리에게 다양한 행동을 취하게 하여 생존을 유리하게 하고 유전자를 후세에 물려주도록 만든다. 다시 말해서 음식, 다른 개체와의 교류(인간처럼 무리 생활을 하는 동물에게 중요하다), 섹스가 도파민 수치를 높인다는 사실은 그다지 놀랍지 않다. 심지어 휴대전화도 도파민 수치를 높인다. 그래서 문자 메시지가 오면 휴대전화를 들여다보고 싶은 강한 충동을 느끼는 것이다. 실제로 휴대전화는 보상 시스템의 기본적인 몇몇 메커니즘에 직접 침투한다. 이제부터 이 부분을 자세히 살펴보고자 한다.

우리는 새로운 것을 사랑한다

진화적인 관점에서 인간이 지식에 목말라하는 것은 이상할 게 없다. 주변 환경에 대해 더 많이 알아야 생존 가능성이 커지기 때문이다. 날씨 변화가 사자들의 행동에 어떤 영향을 미치는지, 영양들이 어떤 상황에서 인간의 존재를 눈치채지 못할 정도로 경계심이 낮아지는지를 아는 사람은 사냥에서 성공하고 포식동물의 먹잇감이 되지 않을 확률이 더 높다.

'주변 환경에 대해 더 많이 알수록 생존 확률이 높아진다'의 결과로 자연은 우리에게 새로운 정보를 찾아 헤매게 하는 본능을 심어주었다. 이러한 본능에 작용하는 뇌의 물질이 무엇인지는 아마 추측할 수 있을 것이다. 당연히 도파민이다! 뭔가 새로운 것을 학습할 때 뇌는 도파민을 분비하며, 도파민은 우리가 더욱 잘 학습할 수 있도록 만들어준다.

뇌는 단지 새로운 정보만을 찾는 게 아니라 환경과 사건에

인스타 브레인

서도 새로움을 원한다. 뇌에는 도파민을 생성하는 세포가 있는데, 이 세포들은 오로지 새로운 것에만 반응한다. 익숙한 동네 길거리처럼 이미 알고 있는 것에는 반응하지 않다가, 이를테면 낯선 얼굴처럼 뭔가 새로운 것을 보면 갑자기 세포들이 활성화된다. 감정이 북받치는 뭔가를 볼 때도 같은 반응이 나온다.

새로운 환경과 정보에 목말라하는 도파민 세포의 존재는 뇌가 새로운 것을 높게 평가한다는 뜻이 된다. 우리는 태어날 때부터 새롭고 낯선 것을 향한 강력한 욕구를 갖고 있으며, 이는 새로운 곳으로 여행을 떠나고 새로운 사람을 만나고 또한 새로운 것을 경험하고자 하는 우리의 갈망에 영향을 주었다. 어쩌면 이게 음식과 자원이 부족했던 세계에서 우리 선조들이 새로운 기회를 탐구하도록 동기를 부여했는지도 모른다.

1만 년 전으로 거슬러 올라가서 식량 확보라는 영원한 문제를 해결하려고 하는 두 여성을 상상해보자. 한 명은 새로운 땅과 환경을 비롯해 새로운 것을 찾으려는 욕구가 있다. 그와 반대로 다른 한 명은 이러한 욕구가 없다. 나는 첫 번째 사람이 음식을 발견할 확률이 훨씬 높다고 생각한다. 더 많이 옮겨 다닐수록 먹을거리를 찾을 확률도 더 높아질 것이다.

이제 시계태엽을 감아 우리가 사는 시대로 돌아와보자. 뇌는 전반적으로 크게 변한 게 없기 때문에 새로운 것에 대한 갈망은 여전히 우리 안에 남아 있다. 그러나 이제 새로움에 대한 갈망은 다른 장소를 찾아 헤매기보다는 다른 방식으로 표출된다. 우리는 컴퓨터와 휴대전화로 전달되는 새로운 지식과 정보를 갈망한다. 컴퓨터와 휴대전화로 매번 새로운 페이지를 볼 때마다 뇌는 도파민을 분비하며, 그 결과 클릭을 거듭하게 된다. 그리고 방금 보고 있던 페이지보다도 '다음 페이지'를 훨씬 더 좋아하는 듯하다. 인터넷 페이지 5개 중에 1개꼴로 머무르는 시간이 채 4초가 안 되며, 10분 이상을 보내는 페이지는 4%에 불과하다.

우리는 뉴스 페이지, 메일 혹은 SNS를 가리지 않고 인터넷에 접속할 때마다 새로운 정보를 입수하며, 이때마다 우리 선조들이 새로운 장소나 환경을 보았을 때와 동일한 방식으로 보상 시스템이 활성화된다. 실제로 뇌의 보상 추구(reward-seeking) 행동은 정보 추구(information-seeking) 행동과 가까이 위치해서 이따금 이 둘을 구분하기가 쉽지 않다.

뇌는 '예측 불허'를 사랑한다

뇌가 보상 시스템을 빈번하게 활성화시키는 것은 돈, 음식, 섹스, 인정 혹은 새로운 경험 그 자체보다는 오히려 이에 대한 기대감이다. 어떤 일이 벌어질 수도 있다는 것만큼 우리의 보상 센터를 작동시킬 수 있는 것도 없다. 1930년대에 쥐를 대상으로 지렛대를 누르면 음식이 나오는 실험을 했는데, 이따금 음식이 나올 때 쥐들이 지렛대를 더 많이 누른다는 사실을 발견했다. 지렛대를 누를 때 음식이 나올 확률이 30~70%인 경우에 가장 절박하게 눌렀다.

20~30년 뒤에는 원숭이들에게 벨 소리를 들려준 다음 착즙 주스를 주는 실험을 진행했다. 그 결과 원숭이들의 도파민 수준은 벨 소리만 들려도 높아졌으며 심지어 주스를 마셨을 때보다 유의미하게 높았다. 이 연구는 도파민이 만족감을 주는 '보상 물질'이 아니라 무엇에 집중해야 하는지를 알려주는 물질이라는 것을 보여주었다. 연구자들은 또한 벨 소리를 들려준 이후 이따금만 주스를 제공했는데, 그 결과 도파민이 더욱 많이 분비되었다. 벨 소리를 들려준 이후 두 번에 한 번꼴로 주스를 제공할 때 도파민 수준이 가장 높았다.

쥐에게서 관찰된 현상이 원숭이에서도 관찰된 것이다. 이는 인간도 마찬가지였다. 실험 참가자에게 카드를 주고 뽑게 했는데, 뽑은 카드에 따라 돈을 받을 수도 못 받을 수도 있었다. 그런데 카드와 상관없이 항상 돈을 받을 수 있을 때보다, 돈을 받을 수 있을지 없을지 불확실할 때 도파민 수치가 훨씬 더 높았다. 그리고 쥐나 원숭이와 마찬가지로 두 번에 한 번꼴로 보상이 주어질 때 도파민이 가장 많이 분비되었다. 뇌의 입장에서는 기대감 속에 미래의 불확실한 목표를 향해 가는 과정, 그 '길(path)' 자체가 목표인 셈이다.

그런데 불확실한 것보다 확실한 것을 더 좋아해야 맞는 게 아닐까? 뇌가 불확실한 결과에 더 많은 도파민으로 보상을 하는 이유는 100% 확실하게 말할 수는 없다. 하지만 가장 유력한 설은 도파민의 가장 중요한 임무가 동기 부여이기 때문이라는 것이다.

'예측 불허' 때문에 휴대전화를 갈망하게 된다!

우리의 선조들이 이따금 열매를 맺는 나무 몇 그루 앞에 서 있다고 생각해보자. 나무 아래에서는 과일이 보이지 않기 때문에 나무를 타고 올라가야만 하는데, 올라가 보니 열매가 없다고 한다. 그러면 계속해서 남은 다른 나무에도 올라가 찾아보는 게 중요하다. 꽝에도 포기하지 않는 자만이 언젠가는 칼로리가 풍부한 과일이라는 보상을 손에 넣을 수 있기 때문이다. 그리고 생존 가능성도 커진다.

자연의 많은 과정은 예측 불허인 경우가 많다. 이따금 열매를 맺는 나무처럼 보상을 받을 수 있을지 없을지 미리 알 수가 없다. 불확실한 결과에 도파민 수치가 급격히 상승하는 것과 똑같이 새로운 뭔가를 앞두고 있을 때도 그렇다. 이는 우리가 보상을 받을 거라는 사실을 알 수 없는 상황에서도 뭔가를 계속 탐구하는 이유다. 그리고 이러한 욕구 덕분에 우리 선조들은 먹을 게 부족한 세상에서 제한적이지만 그 자원을 찾아내서 누릴 수 있었을 것이다.

하지만 오늘날에는 알 수 없는 결과에 대한 우리의 타고난 애착이 문제로 이어지고는 한다. 이를테면 슬롯머신이나 도박판에 빠질 수 있다. 순수하게 오락 차원에서 할 수도 있지만, 개중에는 분명 스스로 도박을 조절하는 데 어려움을 겪고 중독되기도 한다. 뇌의 보상 시스템이 불확실한 결과에 어떤 식으로 보상을 하는지 살펴보면, 도박과 도박으로 얻을 수 있는 보상이 어마어마하게 유혹적일 수 있다. 그래서 "포커 한

판만 더! 이번엔 내가 딸 수도 있어!"라고 외치는 것이다.

이러한 메커니즘을 교활하게 이용하는 것은 도박업체와 카지노만이 아니다. 이 메커니즘은 문자 메시지나 메일의 도착 알림음에 휴대전화를 집어 들려고 하는 중요한 이유이기도 하다. 어쩌면 중요한 내용일지도 모르니 말이다. 대부분 메일이나 문자 메시지를 읽었을 때보다 알림음을 들었을 때 도파민이 더 많이 분비된다. 어쩌면 중요한 내용일지도 모른다는 강렬한 갈망은 무슨 일이 생겼나 '확인하기' 위해 휴대전화를 집어 들게 만든다. 그리고 우리는 자주 이렇게 행동한다. 10분에 한 번씩. 깨어 있는 내내.

우리의 보상 센터를 자극하는 SNS

도박업체와 휴대전화 제조업체 외에도 불확실한 결과에 대한 우리의 애착을 꽤 잘 활용하는 곳이 몇 더 있다. 바로 SNS다. 페이스북, 인스타그램, 스냅챗은 휴대전화를 집어 들고 중요한 업데이트나 '좋아요' 같은 댓글이 올라왔는지 확인하고 싶게 만든다. 게다가 SNS는 우리의 보상 시스템이 가장 활성화되었을 때 디지털 인증을 제공한다. 당신이 올린 휴가 사진에

누가 휴대전화에 중독되는가?

평균적으로 우리는 휴대전화를 하루에 3시간 사용한다. 당연히 일부는 덜 쓰고 일부는 더 많이 쓴다. 그럼, 가장 많이 사용하는 사람들의 특징으로 꼽을 수 있는 게 있을까? 연구자들이 대학생 약 700명을 대상으로 휴대전화 사용 습관을 조사했다. 그 결과 조사 대상자의 3분의 1이 휴대전화에 심각하게 의존하고 있었으며, 심지어는 밤에도 휴대전화를 내려놓지 못하는 것으로 밝혀졌다. 그러다 보니 이들은 낮에 피로감을 느꼈다. '슈퍼컨슈머' 중에는 특히 경쟁 지향적이고 자존감이 낮으며 자신을 스트레스에 지나치게 많이 노출하는 A 유형 성격(type A personality)*의 사람이 많았다. 삶에 편안하고 느긋한 태도를 취하는 사람들, 즉 B 유형 성격(type B personality)의 사람들은 대부분 휴대전화 중독과 관련된 문제를 겪지 않았다.

---

* 1950년에 프라이드먼(Friedman)과 로젠먼(Rosenman)이 사람의 성격을 A 유형과 B 유형으로 나누었다. 동양의 혈액형별 성격 유형처럼 서양에서 자주 사용한다.

달린 '좋아요'는 누군가가 '엄지 척'을 누르자마자 게시물에 달리지는 않는다. 페이스북이나 인스타그램은 우리의 보상 시스템이 최대로 활성화될 때까지 엄지와 하트가 게시물 아래에 달리는 것을 보류하고는 한다. 자극을 잘게 쪼개어 디지털 보상에 대한 기대치를 가능한 한 최대로 끌어올리는 것이다.

SNS 개발자는 보상 시스템을 자세히 연구해 뇌가 불확실한 결과를 얼마나 사랑하는지, 얼마나 자주 보상을 해줘야 하는지에 대해 잘 알고 있다. 이들은 우리가 끊임없이 휴대전화를 집어 드는 놀라운 순간을 만들기 위해 이러한 지식을 활용한다. "어쩌면 '좋아요'를 하나 더 받았을지도 몰라. 한번 봐야겠어"는 "포커 한 판만 더! 이번엔 내가 딸 수도 있어!"와 똑같은 메커니즘이다.

많은 기업들이 뇌의 보상 시스템을 최대한 효율적으로 이용하기 위해 행동과학자와 신경과학자들을 고용해서 연구를 하고 있다. 그리고 경제학적 관점에서 보면, 기업들은 이미 우리 뇌에 침투하는 데 성공했다.

대체 내가 뭘 개발한 거지?

기술 분야에서 저명한 인사들은 현대의 기술이 너무나 유혹적이어서 사용을 제한하는 게 바람직하다고 조언한다. 30대 미국인인 저스틴 로젠스타인(Justin Rosenstein)*은 페이스북 사용을 자제하고 스냅챗은 삭제하기로 했다. 그는 이 앱들이 헤로인과 맞먹을 정도로 중독성 있다고 판단했다. 그리고 휴대전화 사용 습관을 바꾸기 위해 부모가 자녀의 휴대전화 사용을 제한할 때 설치하는 기능을 자신의 휴대전화에도 설치했다.

로젠스타인은 바로 페이스북의 '좋아요' 기능을 만든 장본인이기 때문에 그의 행동은 더욱 흥미롭다. '엄지 척'의 아버지가 자신의 창조물이 지나치게 유혹적이라고 생각하는 데다가 후회하는 듯한 인상을 주는 발언을 하기도 했기 때문이다. 그는 한 인터뷰에서 "선의를 가지고 개발했지만 나중에 자신의 창조물이 생각지도 못한 부정적인 영향을 주는 모습을 발

＊ 미국의 소프트웨어 프로그래머이자 기업가로, 아사나(Asana) 창업자이며 '좋아요' 버튼의 개발자이다.

견하는 일은 일반적이다"라고 말했다.

실리콘밸리에는 이런 견해를 가진 사람들이 더 있다. 아이패드 개발에 참여한 애플 중역 중 한 명인 토니 파델(Tony Fadell) 역시 아이패드가 얼마나 아이들을 매료시키는지에 대해 같은 의견을 내놓았다. 그는 "나는 식은땀을 흘리며 잠에서 깨어나 생각한다. 대체 내가 뭘 개발한 거지? 내가 우리 애들한테서 기기를 빼앗으면, 아이들은 말 그대로 몸의 일부가 떨어져나간 것처럼 느낀다. 아이들은 감정적으로 변해서, 정말이지 감정적으로 변해서 기기를 빼앗기고 나면 하루 종일 아무것도 하지 않는다"라고 말했다.

잡스는 왜 자기 아이의 휴대전화 사용은 제한했을까?

자신이 만든 제품에 모순적인 행동을 보이는 기술업계의 거물 중에서 가장 많이 거론되는 사람은 애플의 창업자 스티브 잡스(Steve Jobs)다. 2010년 초에 샌프란시스코의 한 컨벤션 센터에서 잡스는 선택받은 대중 앞에서 처음으로 아이패드를 선보였다. 그는 '패드'가 "인터넷에 접속하는 경이롭고도 믿을 수 없는 특별한 기회를 제공한다"며 최고의 찬사를 아끼지

인스타 브레인

않았다.

하지만 당시 잡스는 아이패드에 지나친 중독의 위험이 있어서 자녀들의 아이패드 사용에 주의를 기울이고 있다는 말은 하지 않았다. 잡스를 인터뷰한 〈뉴욕타임스〉의 한 기자는 "벽이 스크린으로 되어 있나요? 저녁 식사 손님들한테는 아이패드를 디저트로 나눠주나요?"라고 물었다. 잡스는 "전혀 아닙니다"라고 대답하면서, 아이들의 모바일 기기 사용 시간을 얼마나 엄격하게 제한하는지에 대해 이야기했다. 깜짝 놀란 기자는 잡스를 로테크 부모(low-tech parent)라고 기사에 썼다.

기술이 어떤 영향을 미칠지에 대해 스티브 잡스처럼 정확하게 감을 잡고 있던 사람은 얼마 되지 않는다. 지난 10년 동안 잡스가 선보인 일련의 제품들은 의사소통 방식은 말할 것도 없고 영화, 음악, 기사를 소비하는 방식을 바꾸었다. 그런 그가 자식들의 모바일 기기 사용에 주의를 기울였다는 사실은 수많은 연구와 토론보다도 더 강한 메시지를 준다.

스웨덴에서는 2~3세의 어린아이 3명 중 1명이 매일 태블릿 PC를 사용한다. 제대로 말도 못하는 아이들이 말이다. 하지만 스티브 잡스의 10대 자녀들은 태블릿 PC 사용 시간을 엄격하게 통제받았다. 잡스는 기술 개발에서뿐만 아니라 그 기술이 미치는 영향에 대해서도 다른 사람들보다 한발 앞서서 알고 있었던 듯하다.

스티브 잡스의 사례는 꽤 영향력 있는 기술업계 거물들 사이에서 유별난 게 전혀 아니다. 빌 게이츠(Bill Gates)는 14세 전까지 아이의 휴대전화 사용을 금지했다고 말한 바 있다. 오늘날 스웨덴의 11세 아동 중 98%가 휴대전화를 가지고 있는데, 빌 게이츠의 자식은 휴대전화를 갖지 못한 2%에 속했던 것이다. 빌 게이츠 가족이 휴대전화를 살 돈이 없어서 그런 것은 아니었을 것이다.

범람하는 프리롤 광고

직장에서 서류 작성을 하고 있는데, 휴대전화의 문자 수신음이 울리면 확인하고 싶은 강한 충동을 느낀다. 정말로 중요한 내용일 수도 있으니 말이다. 어쨌든 휴대전화를 집어 들었으니 그 김에 혹시나 새로운 '좋아요'가 몇 개 더 달리지는 않았을까 싶어서 페이스북을 훑는다. 그러다가 당신이 사는 지역에서 강도 사건이 증가했다는 기사를 누군가가 공유한 것을 발견한다. 기사를 클릭하여 두어 줄 읽었을 때 스니커즈를 세일한다는 광고 링크를 보게 된다. 그러나 광고를 흘긋 보기 무섭게 절친 중 한 명이 인스타그램에 새 피드를 올렸다는 푸시 알림이 뜬다. 정신을 차렸을 때는 당신이 작성해야 하는 문서는 한참 뒷전으로 밀려나 있다.

당신의 뇌는 지난 1만여 년 동안 진화한 그대로 행동했다. 불확실한 결과, 즉 문자 메시지에 도파민을 분비하여 보상을 제공했고 그 결과 휴대전화를 보고 싶다는 강렬한 충동에 사로잡힌 것이다. 뇌는 새로운 정보, 특히 감정적으로 흥분되거나 위험과 관련 있는 내용을 추구한다. 이 경우에는 강도 사건 기사 같은 것이 그렇다. 그리고 푸시 알림은 사회적 상호작용을 하고 있다는 느낌을 준다. 또한 당신의 이야기를 적은 피드에 다른 사람들이 어떻게 반응했는지, 즉 '좋아요'를 눌렀는지에 집중하게 만든다.

이와 같은 일련의 메커니즘은 모두 뇌의 생존 전략으로, 당신에게 디지털 사탕을 하나씩 계속해서 집어던지는 것과 같다. 뇌는 이런 과정이 서류 작성을 방해한다는 사실을 전혀 개의치 않는다. 뇌는 서류 작성을 위해서가 아니라 우리 선조들의 생존을 돕기 위해 진화했기 때문이다.

이제 휴대전화가 어떤 메커니즘으로 우리 몸속으로 '침투' 하는지, 왜 휴대전화를 무시하기가 그토록 어려운지 잘 이해하게 되었을 것이다. 그럼, 우리는 우리를 사로잡는 휴대전화의 탁월한 능력에 어떤 영향을 받고 있을까? 자, 이제부터 살펴보자.

인스타 브레인

4장

집중력을 빼앗긴 시대, 똑똑한 뇌 사용법

"우리 뇌는 결코 우리 편이 아니다"

———

사람들은 멀티태스킹을 잘할 수 없고,
만약 잘한다고 말하는 사람이 있다면
자신을 속이고 있는 거죠!

_얼 밀러(Earl Miller), MIT 신경과학부 교수

INSTA BRAIN

멀티태스킹과 기억력의 관계

최근 몇 년 동안, 자신이 점점 더 여러 일을 동시에 하려고 한다는 사실을 눈치챘는가? 혼자만 그러는 게 아니다. 나 역시 그저 영화만을 보는 데 어려움을 느낀다. 영화 내용을 좇아가면서 동시에 메일을 보거나, 혹은 그저 인터넷 서핑을 하려고 종종 휴대전화를 집어 들곤 한다.

디지털 생활 방식이란 여러 가지 일을 한꺼번에 하려고 하는 것을 의미한다. 다시 말해 멀티태스킹(multitasking)이다. 스탠퍼드대학교의 연구자들은 서로 다른 사고 과정이 필요한 과제를 제시한 후, 얼마나 멀티태스킹을 잘하는지 살펴보았다. 연구에는 300명이 참여했는데, 그중 절반은 공부하면서 동시에 서로 다른 인터넷 사이트를 서핑하는 데 전혀 문제가 없다고 답했다. 나머지 절반은 한 번에 하나씩 수행하는 것을 선호했다. 이렇게 두 그룹으로 나눠 집중력을 살펴보는 일련의 실험을 진행한 결과, 멀티태스킹을 하는 사람은 집중력이 더 낮았다. 훨씬 집중을 못했다. 특히 중요하지 않은 정보를 걸러내는 실험에서 제대로 필터링을 하지 못했다. 마치 여기저기에 모두 정신이 팔려 있는 것 같았다.

일련의 철자들을 암기해야 하는 실험에서도 멀티태스킹을 하는 사람의 기억력이 더 떨어지는 것으로 나타났다. 그러나 연구자들은 멀티태스킹을 하는 사람들이 한 작업에서 다른 작업으로 빠르게 옮겨가는 능력, 즉 멀티태스킹 능력은 훨씬 뛰어날 거라고 추론했다. 그러나 테스트 결과, 자신들이 잘한다고 과시하는 멀티태스킹에서조차 능력이 떨어졌다!

멀티태스킹의 대가

뇌는 상당히 많은 다양한 과정들을 동시에 다룰 수 있는 놀라운 능력을 가지고 있다. 하지만 우리의 정신적 대역폭(mental bandwidth)에서 심각하게 제한을 받는 영역이 있는데, 바로 집중력이다. 우리는 한 번에 오로지 한 가지 일에만 집중할 수 있다. 자신은 멀티태스킹을 한다고 믿지만, 사실은 여러 가지 과제 사이를 뛰어다니고만 있는 것이다. 이메일을 쓰면서 강의를 들을 때, 두 가지 일을 동시에 할 수 있는 자신의 능력에 놀랐을 것이다. 하지만 사실은 두 가지의 일 사이에서 빠르게 왔다 갔다 할 뿐이다. 10여 초 만에 대상을 바꿀 수는 있지만 문제는 뇌가 여전히 조금 전까지 하고 있던 일에 머물러 있다는 사실이다. 이메일로 초점을 옮겨도 뇌는 여전히 대역폭의 일부를 강의에 남겨두고 있다. 이메일에서 강의로 초점을 옮길 때에도 마찬가지다.

뇌는 하나의 작업에서 다른 작업으로 넘어갈 때 전환기가 있는데, 넘어간 다음 작업으로 주의력이 바로 따라오지 못하고 조금 전까지 하던 일에 여전히 남아 있게 된다. 이를 주의 잔류물(attention residue)*이라고 한다. 이메일을 단 몇 초 동안만 보는 거라고 생각하지만 실제로는 이메일을 본 시간보다 더 많은 시간을 대가로 지불하는 것이다. 이 전환기가 얼마나 긴지는 정확하게 말할 수 없으나, 한 연구에 따르면 초점을 바꾼 이후 뇌가 다시 임무에 100% 집중할 때까지 수분의 시간이 걸린다고 한다.

그러나 모든 사람이 멀티태스킹을 못하는 것은 아니다. 실제로 여러 작업을 동시에 해낼 수 있는 사람이 있다. 소위 '슈퍼 멀티태스커(super multitasker)'라고 불리는 소수 집단이다. 인류의 1% 혹은 확률적으로 한 자릿수에 해당하는 사람만이 이러한 특질을 가지고 있다. 즉, 대다수 사람의 뇌는 이런 식으로 작동하지 않는다.

───────────────────── •))))

멀티태스킹을 할 때 왜 도파민이 분비될까?

동시에 여러 일을 하려고 하지만 결국 과제 사이를 뛰어다니

---

* 소피 리로이(Sophie Leroy)가 제시한 개념으로, A 작업에서 B 작업으로 넘어갈 때 주의력이 따라오지 못하고 앞선 A 작업에 주의의 잔류물이 계속 남아 있는 것을 말한다.

고만 있을 때, 뇌는 그다지 효율적으로 작동하지 못한다. 뇌가 모든 공을 놓치고 마는 형편없는 저글러라는 사실을 생각할 때, 뇌는 멀티태스킹을 못하게 우리를 막아야 한다. 그러나 뇌는 그렇게 하지 않는다. 대신 멀티태스킹을 할 때, 기분을 좋게 만드는 도파민을 분비하여 보상을 한다. 그러니까 뇌 스스로 자신의 기능을 떨어뜨리는 행동을 하는 셈이다. 대체 왜 그러는 걸까?

우리가 이곳저곳으로 주의를 분산할 때 기분이 좋아지는 이유는, 우리 선조들이 주변의 상상할 수 있는 모든 자극에 빠르게 대응하기 위해 항상 주변을 경계해야 했기 때문이다. 주의를 흩트리는 아주 작은 거라도 위험이 될지도 모르니 절대 놓쳐서는 안 됐다. 화재경보 원칙을 다시 떠올려보자! 분산된 초점과 눈앞에 튀어나오는 모든 것에 빠르게 대응하는 것은 인류의 절반이 채 10세도 못 채우고 사망하던 시기에는 생사를 가르는 요인이었을 것이다. 뇌는 여기에 맞춰서 진화했고, 그 결과 멀티태스킹을 수행하고 집중력을 쉽게 흩트리면서 도파민을 분비하여 우리에게 보상을 제공한다. 이는 마음에 드는 얘기이기는 하나, 다른 뭔가를 대가로 치러야만 한다.

멀티태스킹과 작업 기억의 관계

멀티태스킹은 단순히 집중력이 떨어지는 것만을 의미하지 않는다. 우리가 하는 일을 머릿속에 정확히 간직하는 '정신적인 작업대'인 작업 기억(working memory)*도 마찬가지로 약화된다. 메모지에 써둔 전화번호로 전화를 걸려고 한다고 치자. 메모지를 보고 숫자를 외워 번호를 누른다. 이때 숫자는 당신의 작업 기억에 남게 된다. 집중력이 심각하게 제한적인 것처럼 작업 기억도 제한적이어서 대부분 6~7개의 숫자밖에 기억하지 못한다. 나는 이만큼의 숫자도 기억하지 못하며 전화번호를 제대로 누르거나 이메일 주소를 제대로 적기 위해 여러 번 살펴봐야 할 때마다 상당히 짜증이 난다.

10대 150명에게 디스플레이를 통해 일련의 문장을 보여주고 다시 문장을 완성하게 했다. 실험 대상 중 일부는 멀티태스킹에 익숙한 이들이었다. 그 결과, 몇몇은 "아침에 나는 치즈

---

* 미국의 심리학자 배들리(Alan Baddeley)가 단기 기억은 정보가 잠시 머무는 장소가 아니라, 다양한 형태의 정보를 받아들이고 처리하기 때문에 작업 기억이라고 부르자고 주장했다. 그리고 지금은 단기 기억보다 작업 기억을 좀 더 자주 사용하고 있다.

샌드위치를 먹었다"와 같이 완벽하게 문장을 만들었지만, 다른 사람들은 "아침에 나는 신발 끈 한 접시를 먹었다"처럼 횡설수설했다. 실험에서 주어진 과제는 누가 정답을 맞히는지를 알아보기 위한 거였다. 아주 쉬워 보이지만 문장이 단 2초 동안만 표시되기 때문에 아주 빠르게 외워야 했다. 게다가 집중력을 분산시키고 필터링을 통해 걸러야 하는 다른 정보들도 함께 나왔다. 답을 맞히려면 작업 기억이 좋아야만 했다.

결과는 어땠을까? 멀티태스킹을 한 사람들의 정답률이 더 낮았으며 이들의 작업 기억은 다른 사람들보다 떨어졌다. 특히 문장 바로 옆에 나타나는 집중력을 분산시키는 정보를 필터링하는 데 어려움을 겪었다. 또한 멀티태스킹을 한 사람들은 그렇지 않은 사람들보다 전두엽이 더 많이 활성화되었다. 전두엽의 주요 임무는 집중력을 유지하는 것이다. 전두엽이 더욱 고전했다는 사실은, 한 손만으로도 의자를 들 수 있는 힘이 센 사람과 그 정도로는 힘이 세지 않아 두 손을 다 사용해야 하는 사람을 비교하면 될 것 같다. 멀티태스킹을 하는 사람들이 집중력을 유지하려면 전두엽이 더 많은 정신적 에너지를 써야만 한다는 의미다. 그러나 전두엽이 갖은 노력을 기울여도 멀티태스킹을 하는 사람들의 최종 결과는 여전히 더 나빴다!

연구를 수행한 연구자들은 멀티태스킹을 많이 하는 사람이 중요하지 않은 정보를 정리하여 걸러내는 작업에 어려움을 겪는다고 결론 내렸다. "주의 산만이 계속되면 뇌가 최적의 기능을 발휘하지 못하게 된다"고 말했다.

휴대전화는 심지어 무음 상태일 때에도 훼방을 놓는다

우리가 동시에 여러 가지 일을 하려고 할 때 집중력과 작업 기억 모두 부정적인 영향을 받는다. 어쩌면 이제 컴퓨터를 끄고 휴대전화를 무음으로 바꿔서 주머니에 넣어두기만 하면 되겠다고 생각할지도 모르겠다. 그러나 안타깝게도 그렇게 간단하지 않다. 앞에서 보았듯이 휴대전화는 우리의 주의를 끄는 데 탁월한 능력이 있으며, 이러한 능력은 휴대전화를 주머니에 넣는 것만으로는 멈출 수 없다.

대학생 500명을 대상으로 기억력과 집중력 테스트를 했는데, 실험실 바깥에 휴대전화를 둔 학생들이 무음으로 바꿔서 주머니에 넣은 학생들보다 더 좋은 결과를 얻었다. 피실험자들은 휴대전화가 근처에 있다는 것만으로도 영향을 받을 수 있다는 사실을 인지하지 못했지만 결과는 명백했다. 피실험자들은 그저 휴대전화를 가지고 있는 것만으로도 주의가 분산되었다. 여러 실험에서 동일한 현상이 관찰되었다. 그중 한 연구는 800명에게 컴퓨터를 통해 집중력이 필요한 활동을 하게 하고 그 결과를 살펴봤는데, 다른 방에 휴대전화를 두고 온 사람들이 무음으로 바꿔서 주머니에 넣고 있는 사람들보다 더 좋은 성과를 거두었다. 연구 보고서의 제목(두뇌 유출: 자기 스마트폰의 존재를 단순히 인식하는 것만으로도 유효 인지 능력이 떨어진다(Brain Drain: The mere presence of one's own smartphone reduces available cognitive capacity))만 봐도 그 결과를 쉽게 이해할 수 있다.

일본의 연구자들 역시 유사한 결론을 내놨다. 이들은 한 그룹의 피실험자에게 디스플레이에서 숨겨진 글자들을 최대한 빨리 찾아야 하는 집중력을 요구하는 문제를 냈다. 절반은 디스플레이 옆에 자신의 것이 아닌 휴대전화를 놓아두었고, 이를 집어 들어서는 안 되었다. 나머지 절반은 책상 위에 작은 노트를 올려놓았다. 결과는 어땠을까? 노트를 올려놓은 사람들이 문제를 가장 잘 풀어냈다. 휴대전화는 그저 그 자리에 있는 것만으로도 피실험자의 집중력을 빼앗았다.

우리 뇌는 결코 우리 편이 아니다

휴대전화를 주머니에 넣어두고 있더라도 뇌는 무의식적으로 휴대전화와 같은 디지털 기기의 매력을 인식하고 있기 때문에, 이를 무시하기 위해 정신적 대역폭을 사용해야 한다. 그 결과, 집중력이 제 기능을 발휘하지 못하게 된다. 곰곰이 생각해보면 그다지 이상한 일도 아니다. 도파민은 무엇이 중요하고 어디에 초점을 맞춰야 하는지를 뇌에 알려주는데, 휴대전화가 하루에도 수백 번 도파민을 분비하게 하니 휴대전화에 관심을 보일 수밖에 없는 것이다.

뭔가를 무시하는 것은 뇌가 의식적으로 힘을 써야 하는 적극적인 행동이다. 어쩌면 이미 이 사실을 알고 있는지도 모르겠다. 예를 들어, 친구와 커피를 마시는데 휴대전화를 앞에 두었다고 하자. 어쩌면 방해받고 싶지 않아서 뒤집어놨을 수도 있다. 그리고 친구와 함께 있는 동안 휴대전화를 집어 들고 싶은 충동과 싸우며 '전화 안 볼 거야'라고 계속 생각해야 한다. 매일같이 뭔가가 우리 뇌에 수백 번의 자잘한 도파민 주사를 놓고, 뇌는 이를 무시하기 위해 에너지를 쏟는다. 사실 이는 그리 놀라운 일도 아닌데, 왜냐하면 뇌는 더 많은 도파민을 주는 게 무엇인지 찾도록 진화했기 때문이다.

뇌가 휴대전화의 유혹에 맞서 싸우는 동안 다른 임무를 수행할 능력은 감소한다. 그다지 집중력이 필요하지 않은 일이라면 큰 영향이 없겠지만 정말로 집중해야 하는 상황에서는 문제가 발생할 수 있다. 미국 연구자들이 진행한 실험과 유사하게 피실험자에게 까다로운 집중력 테스트를 실시했다. 그런데 그때 절반에게는 실험 진행자가 문자를 보내거나 전화를 걸었다. 물론 피실험자는 휴대전화를 받아서는 안 되었다. 이후 실험 결과에 따르면, 휴대전화를 받지 않았는데도 이들은 더 많이 틀린 것으로 드러났다. 무려 3배나 많이 틀렸다!

피실험자들이 평범한 워드 문서를 컴퓨터로 읽은 다음, 특정 단어들에 하이퍼링크가 걸려 있는 다른 문서를 읽는 실험에서도 위와 동일한 결과가 관찰되었다. 문서를 읽은 피실험자에게 문서의 내용을 질문했을 때, 하이퍼링크가 연결된 문서의 내용을 더 기억하지 못했다. 클릭하지 않았어도 마찬가지였다. 뇌는 "클릭해야 하나, 말아야 하나?"를 매번 결정해야 했고, 이런 작은 결정을 내릴 때마다 정신적으로 힘을 쏟아야 해서 집중력과 작업 기억을 갉아먹었기 때문이다. 뇌가 탁자에 놓인 휴대전화를 집어 들지 않으려고 정신적 대역폭을 쏟듯이, 이와 동일한 방식으로 링크를 클릭하지 않기 위해 대역폭을 사용하는 것이다.

집중력이 점점 사라지는 시대

거센 정보의 범람이 오히려 집중력 훈련을 시켜주고, 디지털 때문에 끊임없이 주의가 분산되기는 하지만 결국에는 적응하고 잘 이겨내지 않겠냐고 생각할지도 모르겠다. 근육이 규칙적인 달리기나 역기 운동을 통해 더욱 단단해져서 강한 힘을 견디게 해주는 것과 비슷하게 말이다. 그런데 문제는 뇌가 대부분 정반대로 기능한다는 데 있다. 집중력을 방해하는 요소가 많아질수록 집중력 훈련이 되는 게 아니라 뇌는 더더욱 주의가 산만해진다.

끊임없이 쏟아지는 디지털의 집중적인 방해 요소들은 우리를 그 방해 요소에 더욱 민감해지도록 만든다. 그래서 최근 몇 년 사이에 수많은 사람이 휴대전화를 사용하지 않을 때도 집중하는 데 어려움을 느끼는지도 모른다. 나 역시 책을 읽을 때 책에만 집중하기가 전보다 훨씬 어렵다. 이제는 휴대전화를 무음으로 설정하는 것만으로는 충분하지 않아서 아예 다른 방에 둔다. 그런데도 여전히 10년 전과 같은 방식으로 책에 빠져드는 것은 힘들다. 좀 더 집중이 필요한 페이지가 나오면 나는 휴대전화에 손을 뻗고 싶은 강렬한 충동을 느낀다. 마치 더는 예전처럼 집중할 수 없다는 것처럼 말이다.

많은 사람이 비슷한 경험을 한다. 주의 산만이 기본 특질로 자리 잡게 되면 우리는 주의를 흩트릴 만한 거리가 없더라도 집중하지 못하고 다른 곳으로 자꾸 눈을 돌리려고 한다. 집중력은 오늘날 사회에서 희소재가 되었다. 아무리 그래도 우리의 주의 집중 시간(attention span)이 12초에서 8초로 금붕어보다도 짧게 줄었을 거라는 떠도는 이야기는 맹세컨대 거짓이다.

펜은 키보드보다 강하다

사람들이 휴대전화에 특별히 주의를 더 기울이는 공간이 있다. 바로 교실과 강의실이다. 말하자면 집중력과 작업 기억뿐만 아니라 장기 기억 형성 능력을 실험할 수 있는 최상의 공간이다. 우리는 옆에 휴대전화나 컴퓨터가 있을 때 학습 능력이 저하된다.

연구자들은 두 그룹의 대학생들에게 강의를 하나 들을 것을 지시했다. 한 그룹은 자신의 컴퓨터를 가지고 있었으며 다른 그룹은 그러지 않았다. 컴퓨터를 가진 그룹이 강의 도중에 어떤 행동을 했는지 알아보니, 이들은 강의와 관련된 정보가 담긴 인터넷 페이지를 서핑한 것으로 나타났다. 그러나 동시에 메일과 페이스북도 둘러봤다. 강의가 끝난 직후에 컴퓨터를 가진 그룹은 그렇지 않은 그룹보다 강의 내용을 더 기억하지 못했다. 학생 구성이 결과에 영향을 미치지 않았다는 것을 검증하기 위해 새로운 두 그룹의 학생들을 대상으로 동일한 실험을 진행했다. 결과는 동일했다. 컴퓨터를 가지고 있지 않았던 그룹이 더 많은 내용을 학습했다.

그렇다면 강의 도중에 페이스북만 보지 않으면 문제가 해결되지 않을까? 물론, 확실히 도움은 될 것이다. 그러나 SNS를 서핑할 가능성을 배제하고라도 우리가 정보를 받아들일 때 컴퓨터가 영향을 미치는 또 다른 메커니즘이 있다는 사실이 드러났다. 미국의 연구자가 몇몇 학생에게 테드(TED) 강연을 듣는 동안 일부에게는 종이와 펜으로 내용을 정리하게 하고, 나머지는 컴퓨터로 정리하라고 지시했다. 연구 결과에 따르면 종이에 적은 사람들이 강연 내용을 더 잘 이해한 것으로 나타났다. 세부적인 내용을 더 많이 기억한 것은 아니지만 전달하고자 하는 내용을 더 잘 이해했다. 연구 결과는 〈펜은 키보드보다 강하다: 노트북보다 손으로 필기하는 것의 이점

(The pen is mightier than the keyboard: advantages of longhand over laptop note taking)〉이라는 명확한 제목에 잘 요약되어 있다.

정확한 이유를 대기는 어렵지만, 연구자는 키보드로 입력한 사람들은 들리는 단어를 그냥 받아 적는 데 그쳤기 때문일 수 있다고 추론했다. 그런데 펜으로 필기할 경우에는 대부분 키보드처럼 빠르게 적을 수 없기 때문에 어떤 내용을 적을지 우선순위를 따지게 된다는 것이다. 즉, 손으로 적을 때는 정보를 처리해야만 하고 따라서 그 정보를 좀 더 잘 이해하게 된다는 것이다.

흥미로운 사실은 휴대전화를 그저 옆에 두기만 했는데도 점점 시간이 지날수록 집중에 방해가 되었다는 점이다. 강연을 듣는 동안, 휴대전화를 가지고 있던 피실험자는 처음 10~15분 동안은 휴대전화가 없는 사람들만큼 내용을 이해했다. 그러나 곧 강연 내용에 대한 이해도가 점점 떨어졌다. 15분 동안은 집중해서 듣다가 그 뒤부터 집중력이 사그라지는 이유는 휴대전화가 주의를 흩트리는 데 결정적인 역할을 하기 때문인지도 모른다.

집중력과 장기 기억 형성의 상관관계

우리가 뭔가를 배울 때, 그러니까 새로운 기억을 만들려면 뇌세포 간의 연결고리가 바뀌어야 한다. 잠시만 기억하면 되는 단기 기억을 위해서는 뇌가 여러 뇌세포 간에 이미 존재하는 연결고리를 강화하기만 하면 된다. 그에 비해 수개월, 수년 혹은 평생 기억하는 장기 기억을 위해서는 좀 더 복잡한 과정이 필요하다. 이때에는 뇌가 뇌세포 사이에 전혀 새로운 연결고리를 생성해야 한다. 기억이 오랫동안 지속될 수 있도록 튼튼하게 만들려면 새로운 단백질로 연결고리를 만들어야 한다.

그러나 새로운 단백질만으로는 부족하다. 뇌는 새로 만들어진 연결고리를 통해 신호를 여러 차례 보내어 이를 더욱 강화해야 한다. 그래야 기억을 오랫동안 유지할 수 있다. 이를 위해 뇌는 노력을 기울여야 하고, 이는 또한 에너지를 소모하는 과정이기도 하다. 전문 용어로 '강화(consolidation)'라고 부르는 새로운 장기 기억 형성은 뇌의 활동 중에서 가장 많은 에너지를 소모하는 과정 중 하나다. 이는 특히 자는 동안에 이뤄지는데, 애초에 우리가 잠을 자는 게 중요한 이유이기도 하다. 관련 내용은 나중에 다시 다루도록 하겠다.

그럼, 강화가 어떻게 작동하는지 좀 더 자세히 살펴보겠다. 첫 번째 단계는 우리가 뭔가에 집중하면서 뇌에 "이게 중요해"라고 에너지를 쏟을 가치가 있다고 말하는 것이다. 이를 통해 장기 기억이 형성된다. 만약 여기서 주의를 기울이지 않으면 장기 기억으로 넘어가지 못한다. 어제 퇴근 후 집에 와서 열쇠를 어디에 뒀는지 기억나지 않는 것은 집중하지 않고 다른 생각을 했기 때문이다. 뇌는 중요하다는 신호를 전혀 받지 못했기 때문에 열쇠를 둔 장소를 기억하지 않았고, 다음 날 아침에 열쇠를 찾아서 집 안 곳곳을 들쑤시게 되는 것이다.

시끄러운 방에서 시험 준비를 하려고 할 때도 같은 일이 벌어진다. 당연히 집중하기가 어렵다 보니, 뇌는 "이게 중요해"라는 신호를 전혀 받지 못해서 읽은 내용을 기억하는 데 어려움을 겪게 된다. 이는 간단히 말하자면 기억 속에 담아둔 것을 빼낼 수도 있다는 뜻이다. 그리고 기억으로 자리 잡으려면 집중해야 한다는 의미다.

다음 단계는 작업 기억에 정보를 담아두는 것이다. 우선은 이렇게 해야 뇌는 강화를 통해 장기 기억으로 저장할 수 있다. 우리가 인스타그램, 문자, 트위터, 메일, 뉴스 속보 및 페이스북 사이를 오갈 때처럼 뇌에 끊임없이 뭔가를 쏟아부으면, 입력된 내용을 기억으로 변환하는 데 방해를 받게 된다. 그리고 기억으로 변환되는 과정 자체에서도 다양한 방식으로 방해를 받을 수 있다.

뭔가 새로운 것이 끊임없이 등장하는 상황에서 뇌가 그것에 초점을 맞출 시간이 불충분할 때 기억에 방해가 되지만, 정보가 너무 많아도 과부하에 걸릴 수 있다. 왜냐하면 우리의 작업 기억에는 한계가 있기 때문이다. 예를 들어, TV를 켜둔 상태에서 공부를 하려는데 휴대전화를 들여다본다면 뇌는 이 모든 정보를 처리하는 데 힘을 쏟아부어야만 한다. 이렇게 되면 뇌는 새로운 장기 기억을 형성할 시간이 없어지고, 결국 뭔가를 읽었으나 배운 것이 없게 된다.

우리는 집중을 방해하는 다양한 디지털 방해물들을 건너뛰면서 효과적으로 새로운 정보를 받아들이고 있다고 자신을 속이고 있다. 그저 수박 겉핥기일 뿐 정보가 기억으로 흡수될 기회를 주지 않고 있는데도 말이다. 이런 일이 벌어지도록 내버려두는 '원동력(engine)'은 우리가 이러한 상태를 좋아한다는 점이다. 이렇게 해야 도파민이 분비되니 말이다.

우리의 디지털 (나쁜) 습관이 장기 기억 형성을 방해한다는 사실을 보여주는 실험이 있다. 연구자들은 학생들에게 책의 한 장(章)을 각자의 속도에 따라 읽게 한 뒤, 읽은 내용에 대해 질문을 던졌다. 일부는 책을 읽는 동안 휴대전화로 문자를 주고받아야 했다. 문자를 주고받다 보니 시간이 걸렸고 당연히 책을 읽는 데도 더 오래 걸렸다. 실험 결과, 모든 학생이 책의 내용을 비슷하게 잘 파악하고 있었다. 다만 문자를 주고받은 학생들은 내용을 이해하는 데 훨씬 더 오랜 시간이 걸린 것으로 나타났다. 문자를 읽고 답장을 보내는 시간을 빼더라도 책을 읽는 데 걸리는 시간이 더 길었다.

집중력을 온전히 회복하여 마지막으로 읽은 부분으로 되돌아가기까지 시간이 걸린 것이다. 이는 뇌에 '전환기'가 있기 때문이다. 메일이나 문자에 답하면서 공부하는 사람은 읽고 있는 내용을 이해하는 데 더 많은 시간을 쏟아야 하는 위험을 안고 있는 셈이다. 휴대전화를 들여다보는 시간을 제외하더라도 말이다. 다시 말해서, 직장에서 혹은 시험공부를 하면서 멀티태스킹을 하는 사람은 자신을 이중으로 기만하는 셈이다. 내용 파악 능력은 떨어지고 동시에 시간도 더 오래 걸리기 때문이다. 그러니 문자나 메일이 왔는지 확인하려고 계속 한눈을 팔기보다는 1시간에 몇 분 정도를 따로 할애하는 게 좋다.

뇌는 지름길을 사랑한다

뇌는 신체에서 가장 많은 에너지를 사용하는 장기다. 성인의 뇌는 전체 에너지의 20%를 사용하며 10대의 경우 대략 30% 정도를 사용한다. 신생아는 무려 전체 에너지의 50%가 뇌로 간다! 지금 우리는 원하는 만큼 칼로리를 채울 수 있지만 석기시대의 인류는 그러지 못했다. 따라서 뇌는 신체의 다른 부분과 마찬가지로 에너지 소모를 줄이면서 가능한 한 효율적으로 일을 처리하도록 설정되어 있다. 즉, 뇌가 지름길을 선택한다는 뜻이다. 특히 기억에서 그러하며, 기억으로 저장하려면 에너지가 필요하다.

이는 우리의 디지털 사회에도 영향을 미치고 있다. 한 실험에서 피실험자들에게 다른 사실을 담고 있는 다양한 문장을 들려준 뒤, 한 문장이 끝날 때마다 이를 컴퓨터에 적도록 했다. 일부에게는 컴퓨터가 정보를 저장할 거라고 알려주었고, 나머지에게는 컴퓨터에 적은 정보가 삭제될 거라고 알려주었다. 모든 문장을 적은 후 기억이 나는 만큼 말해보게 하자, 컴퓨터가 정보를 저장하는 그룹은 삭제되는 그룹보다 기억하는 문장 수가 더 적었다.

뇌는 어차피 컴퓨터에 저장될 텐데 뭐 하러 에너지를 낭비하느냐고 여겼을 것이다. 그다지 놀라운 결과도 아니다. 만약 뇌가 임무를 컴퓨터에 위임할 수 있다면 그렇게 하고 싶어 할 것이다. 정보가 저장된다고 하면 정보 자체보다 저장되는 장소를 기억하는 게 당연히 쉽다. 피실험자들에게 문장 하나를 개별 워드 문서로 만든 뒤 이를 여러 경로에 저장하게 한다면, 이튿날 기억하는 문장은 많지 않아도 문서를 어디에 저장했는지 경로는 기억할 것이다!

사진으로 찍을 건데 굳이 기억할 필요가 있겠어?

정보가 어딘가 다른 곳에 저장될 거라고 믿으면 뇌가 더는 신경을 쓰지 않는데, 이런 현상을 '구글 효과' 혹은 '디지털 기억 상실증'이라고 부른다. 뇌는 정보 그 자체가 아니라 정보가 어디에 저장되어 있는지를 우선순위로 삼는다. 그러나 구글 효과는 우리가 어떤 것을 기억하기 어렵게 만드는 데 그치지 않는다. 한 그룹에는 미술관에서 예술품의 사진을 찍도록 지시를 하고, 다른 그룹에는 그저 바라보게만 했다. 이튿날 이들에게 일련의 예술품 사진을 보여주고 미술관에서 본 사진을 찾게 했다. 사진 속의 예술품이 실제 미술관에 있는 것과 같은지 아닌지를 기억해내는 것이 목적이었다.

실험 결과에 따르면, 사진을 찍지 않은 피실험자들이 예술품을 더 잘 기억해냈다. 사진을 찍은 피실험자들은 그보다 기억력이 떨어졌다. 뇌가 컴퓨터에 저장되는 문장을 기억하는 데 신경을 쓰지 않은 것과 마찬가지로 사진을 찍은 예술품을 기억에 담아두지 않은 것이다. 뇌는 대신 지름길을 택한 셈이다. '사진으로 찍을 건데 굳이 기억할 필요가 있겠어?'라는 생각으로 말이다.

그렇다면 휴대전화로 구글이나 위키피디아에 접속만 하면 되는데, 왜 뭔가를 배워야 하는 걸까? 단순히 전화번호 정도라면 그다지 문제가 되지 않지만 모든 지식을 구글로 대체할 수는 없다. 세상 속에서 어울려 살기 위해, 비판적인 질문을 던지기 위해, 정보의 가치를 평가하기 위해 우리에게는 지식이 필요하다. 정보가 단기 기억에서 장기 기억으로 넘어갈 때 벌어지는 강화는 뇌의 RAM 메모리에서 하드디스크로 단순히 '로우 데이터(raw data)'*가 옮겨가는 과정을 말하는 게 아니다.

---

* 가공되지 않은 자료를 말한다.

뇌의 강화 작업은 지식을 구축하기 위해서 정보를 개인적인 경험과 통합하는 과정을 일컫는다.

인간에게 지식이란 사실을 줄줄 외워서 읊는 게 아니다. 당신이 아는 가장 현명한 사람이 세세한 내용을 가장 잘 기억하는 사람이 아니듯이 말이다. 깊이 있게 뭔가를 배우려면 사색과 집중이 필요하다. 하지만 빠른 클릭이 가득한 세상에서 우리는 사색과 집중을 놓쳐버릴 위기에 처해 있다! 하루 종일 인터넷 페이지를 넘나들기 바쁜 사람은 뇌에 정보를 소화할 시간을 주지 않는 셈이다.

스티브 잡스는 컴퓨터를 우리가 좀 더 빨리 사고할 수 있도록 도와주는 장치라는 뜻에서, '뇌를 위한 자전거'라고 묘사했다. 하지만 이따금 컴퓨터를 우리 대신 사고해주는 '뇌를 위한 택시 운전사'라고 부르는 게 더 적합하지 않나 하는 생각이 들기도 한다. 이는 분명 편리하기는 하지만, 또 한편으로는 새로이 뭔가를 배우는 행위만큼은 다른 존재에게 넘기고 싶지 않기도 하다.

친구보다 더 매혹적인 휴대전화

나는 같이 식사를 하거나 차를 마시는 상대방이 휴대전화를 집어 들 때마다 짜증이 난다. 나라고 크게 다를 것도 없는데 말이다! 주변에서 그러지 말라고 가르치지 않더라도, 다른 사람과 있을 때 휴대전화를 집어 들지 않아야 하는 이기적인 이유가 있다. 휴대전화를 앞에 두고 있으면 당신은 대화 내용을 지루하게 여길 가능성이 있다. 우리를 둘러싼 환경에 무관심하게 만들 정도로 휴대전화가 매혹적인 탓이다.

한 연구에서 30명의 피실험자에게 낯선 사람을 만나 10분 동안 상대방이 무엇을 원하는지 이야기하도록 했다. 그들은 사이에 탁자를 두고 각자 의자에 앉았다. 한 그룹에게는 탁자에 휴대전화를 놓도록 했고, 다른 그룹에게는 휴대전화를 눈에 보이지 않도록 했다. 이후 대화가 얼마나 흥미로웠는지 이야기하게 했는데, 시야에 휴대전화를 두었던 사람들은 대화가 덜 흥미로웠다고 대답했고 심지어 대화 상대가 못 미더우며 감정 교류도 잘 안 되었다고 설명했다. 이들은 휴대전화를 그저 눈앞에 두기만 하고 단 한 번도 들지 않았는데도 이렇게 답한 것이다!

멀티태스킹을 할 때 기억은 잘못 저장된다

기억은 뇌의 여러 부분에 저장된다. 이를테면 사실과 경험은 일반적으로 '기억 저장소'라고 부르는 해마가 처리한다. 그 반면에 자전거, 수영, 골프처럼 체득하는 내용은 선조체(striatum)라는 다른 부분을 사용한다. 우리가 TV를 보면서 책을 읽는 등 여러 가지 일을 동시에 하면 정보는 대부분 선조체로 보내진다. 뇌가 사실에 대한 정보를 잘못된 곳으로 보내는 것이다. 하지만 다시 한 가지 일만 수행하게 되면 갑자기 정보를 해마로 전송한다.

뉴욕에서 산책을 할 때 정말 맛있는 초콜릿 도넛을 먹은 기억이 있다고 하자. 이 기억은 뉴욕을 다시 방문했을 때, 다른 곳에서 도넛을 먹을 때, 당시 입었던 것과 같은 옷을 입었을 때, 초콜릿 맛이 나는 다른 것을 먹었을 때, 뉴욕에 있었을 때와 같은 감정을 느낄 때 되살아날 수 있다. 뇌는 훌륭하게 연상할 수 있고 특정 사건을 상기시키는 작은 실마리로도 기억을 끄집어낼 수 있다.

하지만 기억을 형성하는 이러한 유연한 능력은 한꺼번에 여러 가지 일을 할 때 일부 손실되는 것 같다. 그 이유는 정보가 해마로만 가는 게 아니라 선조체로도 유입되기 때문이다. 기억력 테스트에서 종종 숫자와 단어를 기억하게 하지만, 사실 기억은 그보다 더욱 복잡하다. 실제 있었던 일에 대한 기억은 개인적인 경험과 결합하여 주변 환경을 이해하기 위해 비틀어보거나 반추하거나 다각도에서 살펴보거나 활용할 수 있는 지식을 만들어낸다.

이해할 수 없을 정도로 복잡한 기억 시스템이 범람하는 정보의 홍수 속에서 뇌가 어떤 영향을 받는지는 아직 정확하지 않다. 그러나 디지털화가 생각보다 더 깊은 층위에서 영향을 미치는 것은 확실하다. 누군가가 길을 잃었다고 가정해보자. 이는 우리가 기억력 테스트에서 얼마나 많은 숫자를 읊을 수 있는지와 비교해보면 훨씬 근본적인 문제다.

이 결과 역시 대단히 놀랍지는 않다. 도파민은 우리에게 어떤 것에 관심을 가져야 할지 이야기해주는 물질이니 말이다! 매일같이 수천 번의 자잘한 도파민 보상을 제공하는 물건이 눈앞에 있다면 뇌는 당연히 그쪽으로 끌리기 마련이다. 휴대전화를 집어 들려는 충동에 맞서다 보면 집중력이 흐트러질 수밖에 없다. 유혹하는 대상을 무시하는 것은 의식적이고 적극인 행동이니 말이다. 그러다 보면 결국은 대화를 제대로 따라가지 못하게 된다.

친구와 함께한 저녁 식사에 대해 평가하는 연구에서도 동일한 결과가 나왔다. 피실험자 300명 중 절반에게는 저녁 식사 동안 문자가 올 거니까 휴대전화를 가지고 있으라고 하고, 나머지 절반에게는 휴대전화를 가지고 있지 말라고 했다. 연구 결과에 따르면, 휴대전화를 가지고 있던 사람들은 저녁 식사가 덜 유익했다고 평가했다. 차이가 대단히 크지는 않았으나 유의미한 수준이었다. 간단하게 말하자면 식탁에 휴대전화를 두고 있으면 다른 사람과 어울리는 게 따분하다고 생각하게 된다는 것이다.

그런데 문자를 기다리면서 휴대전화를 앞에 두었다고 해서 저녁 식사 내내 정말 영향을 미쳤을까? 글쎄, 아닐 수도 있지만 연구에 참여한 사람들은 내내 휴대전화를 켜놓은 채로 전체 저녁 식사 시간의 10% 이상을 휴대전화를 살피는 데 썼다. 문자가 올 거니까 가지고 있으라는 말만 했을 뿐인데 말이다.

도파민의 임무는 무엇이 중요한지, 우리가 어디에 초점을 맞춰야 하는지 말해주는 것이다. 이때 '중요한' 것은 좋은 성적을 받거나 승진하거나 혹은 기분 좋게 하는 게 아니라, 선조들이 생존하여 후대에 유전자를 물려줄 수 있도록 한 행동이다. 휴대전화처럼 교묘하게 제작된 무언가가 소량의 '도파민 주사'를 하루에 300번씩 놓아준다고 치자. 실제로 휴대전화는 매번 "나한테 집중해"라고 요구한다.

학교나 직장에서 휴대전화에 대한 생각을 멈추기가 어려운 게 이상한가? 휴대전화를 집어 들지 않으려면 정신적인 대역폭을 할애해야 한다는 사실이 이상한가? 같이 저녁 식사를 하는 사람들에게 무관심해질 정도로 휴대전화가 매혹적인 게 이상한가? 10분에 한 번씩 새로운 경험과 보상을 제공하는 존재와 떨어지게 되었을 때, 스트레스를 받거나 심지어는 패닉에 빠지는 게 이상한가? 딱히 이상할 것은 없다. 안 그런가?

5장

우리의 시간을 훔쳐가는 강력한 용의자

"휴대전화 사용 시간과 건강"

—

우리가 이토록 낯선 환경에 있다는 점을 고려할 때,
현재보다 정신 질환을 더 많이 겪지 않는다는 사실이
한편으로 놀라운 일입니다.

_리처드 도킨스(Richard Dawkins), 진화생물학자 겸 작가

INSTA
BRAIN

휴대전화 사용 시간과 우울증

버스나 지하철을 타다 보면 종종 휴대전화를 잃어버린 게 아닌가 싶은 사람들을 보게 된다. 그 사람은 강렬한 불안에 사로잡혀 가방과 주머니 안을 뒤적인다. 마치 삶이 위기에 봉착했다는 듯이 말이다. 그리고 마침내 휴대전화를 찾았을 때 안도감이 파도처럼 밀려오면서 패닉 상태에서 벗어나는 게 확연히 보인다. 몇십만 원이나 하는 물건을 잃어버렸을지도 모른다는 불안감은 당연히 스트레스를 받을 만한 상황이다. 그러나 불안이 엄습해온 것은 단순히 돈 때문만은 아닐 것이다.

한 실험 결과를 보면, 휴대전화를 반납해야 하는 상황에 놓인 피실험자들은 단 10분 만에 스트레스 호르몬인 코르티솔의 수치가 상승했다. 뇌가 투쟁-도피 반응을 보인 것이다. 특히 항상 휴대전화를 사용해온 사람들에게서 이런 변화가 두드러졌다. 가끔 사용하는 사람들은 코르티솔 수치가 그만큼 높아지지 않았다. 뇌가 어떤 식으로 발달해왔는지 생각하면 이 역시 이상할 것이 전혀 없다.

살아남으려면 도파민을 분비시키는 대상에 집중하는 것이 중요하다. 그런데 24시간 동안 10분에 한 번씩 소량의 도파민 주사를 놓아주던 뭔가를 빼앗긴다면, 당연히 스트레스를 받게 되고 우리의 뇌는 생존에 필요한 뭔가가 사라졌다고 받아들인다. HPA축이 활성화되면서 뇌는 "뭐라도 좀 해봐! 도파민을 주던 거 가져와! 당장!"이라고 말한다. 그리고 우리에게 강렬한 불안을 느끼게 하여 자신의 요구를 실현시키려고 한다.

그런데 우리는 휴대전화와 떨어지게 될 때도 스트레스를 받지만, 가까이 있을 때도 스트레스를 받는 것 같다. 20대 약 4,000명을 대상으로 휴대전화 사용 습관을 조사한 이후 1년 동안 이들을 추적 관찰했다. 실험 결과에 따르면, 휴대전화를 특히 더 빈번하게 사용한 사람들이 문제를 겪거나 스트레스를 받는 것으로 나타났다. 게다가 우울증 증상을 보이는 경우도 흔했다. 미국심리학회에서도 3,500여 명을 대상으로 설문 조사를 실시했는데 유사한 결과가 나왔다. 이 결과는 '미국의 스트레스(Stress in America)'라는 이름으로 발표되었고 자주 휴대전화를 본 사람들이 더 많은 스트레스를 받는다는 사실을 보여주었다. 많은 사람들이 이따금 휴대전화를 내려놓는 게 현명하다고 여겼고, 3명 중 2명은 이러한 디지털 '디톡스(detox)'가 자신의 기분에 좋은 영향을 미친다는 데 동의했다. 그러나 디지털 디톡스를 실천한 사람은 30%도 채 안 되었다.

여러 건의 대규모 연구 결과를 종합해본 결과, 스트레스와 과도한 휴대전화 사용 간에는 실제로 연결고리가 있는 것으로 나타났다. 영향은 적거나 중간 크기 정도였지만 스트레스에 취약해진 경우에는 충분히 결정적인 영향을 미칠 수 있었다.

그렇다면 불안은 어떨까, 비슷할까? 그렇다. 10개의 연구 중 9개에서 과도한 휴대전화 사용과 불안 사이에 관련이 있었다. 스트레스와 불안은 이유는 다르지만 기본적으로 신체 내 동일한 시스템, 즉 HPA축이 활성화될 때 느끼는 감정이기 때문에 이상할 것은 없다. 스트레스는 위협이 되는 어떤 것에 대하여, 불안은 위협이 될 수도 있는 어떤 것에 대하여 느끼는 감정이다. 만약 휴대전화가 스트레스에 영향을 미친다면, 불안에도 영향을 미칠 수 있고 실제로 그러하다.

피실험자에게 자신의 휴대전화를 다른 곳에 두도록 지시한 다음 이들의 걱정과 불안을 측정한 결과, 휴대전화와 떨어져 있는 시간이 길어질수록 불안감이 커진 것으로 나타났다. 새로 실험을 진행할 때마다 30분 간격으로 불안감이 상승했다. 누가 가장 불안해했을 것 같은가? 당연히 휴대전화를 가장 많이 사용한 사람들이었다.

인류의 수면 시간이 줄어들고 있다

휴대전화를 과도하게 사용하면 스트레스와 불안을 유발할 수 있는데, 사실 가장 큰 영향을 받는 것은 바로 우리의 수면이다. 정신과 의사로서 환자들을 상담하면서 최근 몇 년 사이에 점점 더 많은 사람들이 수면의 질이 떨어졌다고 호소하고 있으며 환자 2명 중 1명은 수면제를 먹어야 할지 묻는다는 사실을 발견했다. 처음에 나를 찾아온 사람들은 대부분 슬럼프를 겪고 있다고 생각했다. 그러나 실제로는 그런 게 아니었다. 불면증으로 도움을 청하는 사람들이 폭발적으로 증가했으며, 오늘날 스웨덴인 3명 중 1명은 수면 장애를 겪고 있다고 한다.

우리는 점점 잠자는 시간이 줄어들고 있다. 밤에 평균 수면 시간이 7시간으로, 이는 스웨덴인 2명 중 1명은 인체에 필요한 수면 시간인 7~9시간보다 적게 잔다는 뜻이다. 다른 나라에서도 비슷한 패턴이 관찰되고 있다.

사실은 지난 100년 동안 우리의 수면 시간이 1시간 단축되었다. 시간을 한참 거슬러 올라가면 수렵 채집인이었던 우리의 선조들은 적어도 우리보다는 많이 잔 것으로 추정된다. 여전히 우리 선조들과 같은 방식으로 살아가는 부족을 연구한 결과, 잠드는 데 문제가 있는 비율은 1~2% 정도에 불과했다. 하지만 산업화된 세계에서는 30%가 수면 장애를 겪고 있다. 다시 말하면, 현대 인류는 수면이 부족하다는 뜻이다.

자는 동안 우리 뇌는 움직이고 있다

우리가 왜 잠을 자는지는 확실하지 않지만, 자는 동안 신체와 뇌에서 일어나는 일련의 과정은 매우 중요하다. 24시간 중 3분의 1 가까이를 의식이 없는 상태로 보내는 것은 우리 선조들에게 상당한 위험이었을 것이다. 잡아먹힐 수 있다는 것 외에도 생존에 필요한 다른 일을 아무것도 할 수 없으니 말이다.

우리의 시간을 훔쳐가는 주범, 휴대전화

책의 초반에서 이야기했듯이 장기적인 스트레스는 우울증에 빠질 위험을 높인다. 그리고 방금 읽었듯 우리의 디지털화된 생활 방식과 휴대전화는 스트레스를 유발한다. 게다가 우리에게는 맞춰야 할 퍼즐 조각이 하나 더 있다. 오늘날 스웨덴인 중 약 100만 명이 항우울제를 복용하고 있으며, 최근 10년 동안 항우울제 처방이 급격하게 증가했다. 같은 기간 동안 스트레스를 유발하는 스마트폰은 모든 사람의 주머니에 자리를 잡았다.

휴대전화가 이러한 현상에 기여했을지도 모른다는 추측이 가능하다. 그렇다면 우리가 휴대전화 때문에 우울증에 걸릴 수도 있다는 걸까? 사우디아라비아의 연구자들이 1,000여 명을 추적한 결과, 휴대전화 의존도와 우울증 사이에 강력한 상관관계가 관찰되었으며 '걱정스러울 정도'라고 평가했다. 중국에서는 휴대전화를 많이 사용하는 대학생들이 더 외로움을 탔으며, 자신감도 떨어지고 우울한 경우가 많았다. 오스트리아에서는 우울증을 겪는 사람들이 휴대전화를 극도로 빈번하게 사용한다는 사실이 밝혀졌다.

비슷한 결과를 보인 다른 나라의 연구들이 더 있지만, 이 정도면 전체적인 윤곽을 어느 정도 파악했을 것이다. 휴대전화가 우울증에 걸릴 위험을 높인다는 사실이 비교적 자명해 보이지만, 마찬가지로 우울증에 걸린 사람이 휴대전화를 더 많이 사용하는 것일 수도 있다. 휴대전화 때문에 우울증에 걸리는 게 아닐 수도 있다는 말이다. 그러므로 휴대전화 때문에 우울증에 걸린다고 100% 확신할 수는 없다.

나 또한 과도한 휴대전화 사용이 우울증의 위험 인자 여러 개 중에 하나라고 생각한다. 지나치게 적은 수면 시간, 전례 없을 정도로 가만히 앉아 있는 생활 방식, 사회적 고립, 알코올 및 약물 오남용 모두 우울증에 걸릴 위험을 높일 수 있다. 휴대전화의 가장 큰 여파라면 우리의 시간을 너무 많이 빼앗아 우울증으로부터 자신을 보호할 시간이 부족해진다는 점이다. 이를테면 몸을 움직이거나 다른 사람들과 어울리거나 충분히 수면을 취하는 시간 말이다.

잠을 자는 동안에는 먹을거리를 찾을 수도 없고 말 그대로 자손을 낳을 수도 없다.

그렇다면 수면의 무엇이 그렇게 중요해서 자연은 우리에게 잠자고 싶은 욕구를 주었을까? 우리뿐 아니라 동물에게도 말이다. 수면은 에너지를 비축하기 위한 것은 아니다. 오히려 뇌 입장에서 보면, 자는 동안에도 깨어 있을 때만큼 많은 에너지를 사용한다. 그중 하나가 낮에 쌓인 조각난 단백질 형태의 노폐물을 청소하는 일이다. 하루 동안 꽤 많은 양이 쌓이기 때문에 뇌는 1년 동안 자기 무게에 맞먹는 '쓰레기'를 청소하게 된다. 무엇보다도 밤마다 청소하는 습관은 뇌가 제대로 기능하는 데 매우 중요하다. 수면 부족이 장기화할수록 질병에 걸릴 가능성도 계속해서 커지는데, 그중에는 뇌졸중과 치매도 있다. 일반적으로 '청소 시스템'이 제대로 작동하지 못해서라고 보고 있다.

수면 부족은 또한 우리의 기능을 저하시킨다. 열흘 동안 밤에 6시간 이하로 자면 집중력이 떨어진다. 마치 24시간 내내 깨어 있던 것과 비슷한 상태가 된다. 게다가 수면 부족은 정서적 안정에도 영향을 미친다. 다양한 표정의 얼굴 사진을 보여주고 뇌의 반응을 관찰해보니, 제대로 잠을 못 잔 사람은 스트레스 대응 시스템의 엔진 격인 편도체가 더욱 강하게 반응했다.

어쩌면 우리가 잠을 자는 가장 중요한 이유는 밤 동안에 단기 기억이 장기 기억으로 전환하기 때문인지도 모른다. 앞에서도 이야기했지만 이 과정을 강화라고 부르며 특히 깊이 잠든 사이에 이루어진다. 잠을 자는 동안 뇌는 낮에 벌어진 사건 중 무엇을 장기 기억으로 저장할지 선택하고 밤사이에 잃어버린 기억을 되살려내기도 한다. 그래서 제대로 잠을 자지 못하면 이 과정이 원래대로 작동하지 못하고 결국 우리의 기억도 뒤죽박죽이 된다.

수면은 기억으로 저장하는 데 무척 중요한 요소다. 다른 것으로는 대체 불가능할 정도다. 한 연구에서 학생들에게 미로 그림을 보여주고 외우게 했다. 암기 직후 한 그룹은 약 1시간가량 낮잠을 잤고 다른 그룹은 깨어 있었다. 5시간 후에 연구자는 미로에서 빠져나가는 길을 얼마나 잘 학습했는지 살펴보았다. 연구 결과에 따르면, 잠시 수면을 취한 그룹이 깨어 있던 그룹보다 미로를 더 잘 기억해냈다. 깨어 있던 그룹은 미로를 기억하는 데 5시간이나 시간 여유가 있었는데도 말이다! 결론적으로 숙련을 위해서는 연습만이 필요한 게 아니다. 연습과 충분한 수면을 결합해야 한다. 학교에 다니는 어린아이들이 점점 더 잠을 적게 잔다는 점을 생각해보면 이는 주목할 만한 사실이다. 영아와 청소년의 수면 질 저하에 대한 내용은 208쪽에서 좀 더 다루겠다.

스트레스가 수면을 방해하는 이유

그런데 수면이 뇌를 청소하고, 건강을 지켜주며, 정서적 안정은 물론 기억과 학습에 그렇게 중요하다면, 어째서 우리는 베개에 머리를 대는 순간 잠들지 못할까? 어쩌면 잠들어서 모든 감각 정보가 차단되는 상태를 위험으로 인식하기 때문일 수도 있다. 우리의 수렵 채집인 선조들은 사바나에서 잠들려고 누웠을 때, 맞아 죽거나 잡아먹히지 않도록 안전한 곳을 찾는 게 중요했을 것이다.

따라서 주변 환경의 정보를 차례대로 차단하면서 단계적으로 잠에 빠져들게 된다. 이 탓에 대부분 스트레스를 받은 상태에서 누우면 잠들기가 더욱 어려워진다. 스트레스를 받으면 매우 위급한 상황에 처했을 때와 마찬가지로 뇌의 HPA축(다시 읽어보고 싶다면 45쪽을 참조하라)이 활성화되기 때문이다. 이때 뇌는 잠자리가 안전하지 않다고 판단하기 때문에 쉽게 잠들지 못하게 활성화된다. 저녁에 스트레스를 받아 잠을 잘 수 없는 것은 애초에 뇌가 진화해온 대로 행동하여 당신을 깨어 있는 상태로 유지시키기 때문이다.

휴대전화의 블루라이트와 수면 시간

우리의 생체 리듬은 얼마나 많은 빛에 노출되느냐에 영향받는다. 이는 우리 신체에 잠을 잘 시간을 말해주는 멜라토닌(melatonin)이라는 호르몬을 통해 이루어진다. 멜라토닌은 솔방울샘(pineal gland)이라고 하는 뇌의 내분비 기관에서 생성된다. 낮에는 멜라토닌 수준이 낮지만 저녁에는 상승하기 시작하고 밤 동안에 최고조에 달한다. 과도하게 빛에 노출되면 멜라토닌 생성이 방해를 받아 신체는 아직 낮이라고 생각하게 된다. 따라서 침실에 빛이 너무 많으면 잠을 제대로 잘 수가 없다. 그와 반대로 어두울 때는 더 많은 멜라토닌을 생성하여 신체는 저녁 혹은 밤이라고 생각하게 된다.

그러나 멜라토닌 생성에는 빛의 노출량뿐만 아니라 노출된 빛의 종류도 영향을 미친다. 특히 블루라이트에 멜라토닌 생성을 억제하는 기능이 있다. 눈에는 블루라이트에 강력하게 반응하는 특별한 세포가 있다. 우리 선조들이 살던 시대에는 블루라이트가 구름 한 점 없는 하늘에서만 만들어졌다. 그리고 이 특별한 세포들은 "이제 낮이네. 일어나. 그리고 조심해" 라고 말하면서 뇌에 멜라토닌을 그만 만들라고 지시한다. 블루라이트는 우리 선조들이 낮에 활동할 수 있게 도와주었고, 이는 지금 우리에게도 마찬가지다.

그래서 잠들기 전에 휴대전화나 태블릿을 사용하면, 블루라이트가 뇌를 깨워서 멜라토닌 수준을 억제할 뿐만 아니라 2~3시간 동안 영향을 미친다. 블루라이트가 생체 시계를 2~3시간 되돌리는 셈이다. 약간 과장해서 말하면, 스웨덴에서 그린란드나 서아프리카까지 가는 것과 맞먹는 시차증(jet lag)을 겪게 되는 셈이다! 게다가 휴대전화는 스트레스를 유발하고 스트레스는 수면을 방해한다. 그것만으로는 부족한 것인지, 앞서 이야기한 것처럼 앱, SNS, 도박의 형태로 된 온갖 도파민 때문에 뇌가 깨어나게 된다.

이렇듯 이론적으로 볼 때 잠잘 시간에 휴대전화를 사용하면 잠들기 더욱 어려워진다. 그러나 알다시피 이론과 현실이 항상 일치하지는 않는다. 그렇다면 휴대전화가 정말로 우리의 수면을 방해할까? 그렇다, 실제로 방해한다. 600여 명의 피실험자를 추적 연구한 결과, 휴대전화를 비롯한 디스플레이에 많은 시간을 할애할수록 수면의 질은 더욱 나빠졌다. 특히 저녁 늦은 시간에 휴대전화를 사용하는 사람들이 큰 영향을 받았다. 잠드는 데 어려움을 겪었을 뿐만 아니라 수면의 질 역시 하락했다. 당연히 다음 날 낮에 피로감을 느낄 확률도 상승했다.

휴대전화가 그저 근처에 있는 것만으로도 집중력과 기억을 방해하는 것과 마찬가지로, 휴대전화를 사용하지 않더라도 침실에 휴대전화가 있다는 사실만으로도 수면에 방해를 받을 수 있다. 2,000~3,000명의 중학생을 대상으로 조사한 결과, 옆에 휴대전화를 두고 잔 학생들이 그렇지 않은 학생들보다 21분 덜 잤다. 침실에 TV를 두는 것도 야간 수면 시간 감축에 일조할 수 있는데, TV보다도 휴대전화가 더 큰 영향을 미친다. 21분이 대수롭지 않게 들린다면 더 큰 영향력을 보여주는 연구 결과도 있다. 부모에게 자녀들의 수면 시간을 조사해 달라고 요청한 결과, 침실에 휴대전화를 둔 아이들이 그렇지 않은 아이들보다 1시간이나 덜 잔 것으로 나타났다.

전자책 vs 종이책

휴대전화 외에도 침실에서 흔히 볼 수 있는 물건으로 이북 리더기가 있다. 한 연구에서 일련의 사람들에게 자기 전에 책을 두어 쪽 읽으라고 지시했다. 같은 책을 절반은 일반 종이책으로 읽고 나머지는 전자책으로 읽었다. 결과는 어땠을까? 전자책을 읽은 사람들이 종이책을 읽은 사람들보다 10분 더 깨어 있었다. 똑같은 내용을 읽었는데도 말이다! 그런데 책을 읽을 때 종이책인지 전자책인지가 그렇게 중요할까?

우선 전자책은 멜라토닌 생성에 영향을 미친다. 멜라토닌이 현저하게 줄어들 뿐만 아니라 분비도 1시간 이상 늦춘다. 개인적으로 나는 전자책과 휴대전화가 유사하다고 생각한다. 둘 다 새로운 정보와 아주 밀접한 관련이 있으며, 뇌의 보상 시스템을 활성화시켜서 그저 쥐고 있는 것만으로도 우리를 깨운다. '디스플레이는 그냥 디스플레이지'라고 뇌가 속아 넘어가고, 결국 우리는 제대로 휴식을 취하지 못한다.

민감도는 제각각이다

휴대전화가 어린이와 성인 모두의 수면 질 저하에 지대한 역할을 한다는 사실을 입증하는 자료는 많다. 또한 스트레스와 디스플레이의 블루라이트에 대한 민감도는 사람마다 다를 수 있다. 어떤 사람들은 극심한 스트레스에 노출되고 잠자리에

디스플레이는 식욕에도 영향을 미칠까?

몸무게에 신경을 쓰는 사람이라면, 저녁 늦은 시간에 휴대전화를 사용하는 게 식욕 증진에 영향을 미칠 수 있다는 사실을 염두에 두는 게 좋겠다. 블루라이트는 수면 호르몬인 멜라토닌에만 영향을 미치는 게 아니라 스트레스 호르몬인 코르티솔과 공복 호르몬인 그렐린(ghrelin) 분비도 촉진한다. 그렐린은 식욕을 증진시킬 뿐만 아니라 신체에 지방을 더욱 비축하게 만든다.

즉, 블루라이트는 신체를 깨우는 것(멜라토닌과 코르티솔)뿐만 아니라 대응할 수 있게 채비시키고(코르티솔), 에너지 창고를 채우고 지방을 비축하는(그렐린) 데 탁월하다. 저녁에 태블릿이나 휴대전화를 사용하고 나면, 가만히 천장을 보고 누워 있는 게 아니라 먹고 싶은 욕구를 느낀다. 설상가상으로 신체는 좀 더 효과적으로 야식의 칼로리를 흡수하며 이를 피하지방의 형태로 뱃살 근처에 저장한다.

들기 전까지 디스플레이에 둘러싸여 있었더라도 바로 잠들 수도 있다. 하지만 일부는 스트레스를 거의 받지 않는 일을 했더라도 누워서 뜬눈으로 뒤척일 수도 있다. 자기 1시간 전에 휴대전화를 그저 바라보기만 해도 그럴 수 있다! 만약 수면 문제를 겪고 있다면 스트레스를 피하고 저녁 늦은 시간에 디스플레이를 보지 않도록 노력해야 한다.

세계 유수의 병원들은 휴대전화가 어떻게 뇌의 멜라토닌 생성에 영향을 미치는지 뿌리 깊이 파고들었다. 만약 침실에 꼭 휴대전화를 둬야 한다면 자기 전에 디스플레이의 조도를 낮추고 눈에서 최소 36cm 떨어진 거리에서 보라고 조언한다. 이렇게 하면 멜라토닌 생성에 크게 영향을 받지 않는다는 것이다.

정신과 의사인 내게 수면제를 처방해달라고 하는 젊은이들이 점점 증가하고 있다. 기본적으로 나는 바로 약을 처방하지 않고 대신 휴대전화를 침실 바깥에 두라고 조언한다. 더 나아가 일주일에 세 번은 운동을 하라고 권고한다. 몸을 움직이는 행위는 더욱 빨리 잠들고 더욱 양질의 수면을 취할 수 있도록 도와준다. 수면제는 이런 것들을 시도해보고 난 뒤에 생각할 문제다.

6장

SNS를 끊고
기분이 나아진 사람들

"디지털 사용 시간이 짧을수록 기분이 나아지는 이유"

———

비교는 기쁨을 앗아간다.

_시어도어 루스벨트(Theodore Roosevelt), 미국 대통령

INSTA
BRAIN

대화의 80%는 뒷담화

여러분이 어떤 회사에서 일한다고 가정하자. 회사 동료들과 함께 한 교육 기관에서 열리는 콘퍼런스에 참석할 예정이다. 쉬는 시간에 동료들과 어떤 이야기를 나눌 것 같은가? 회사 제품, 경쟁사 혹은 다음 분기 보고서가 화제로 오를까? 당연히 아닐 것이다. 아마 서로에 대해 이야기할 것이다. 우리는 대화의 80~90%를 자기 이야기나 뒷담화로 채운다. 우리는 소문을 좋아한다! 대부분은 '소문'이라는 단어를 부정적으로 인식하지만 이는 오명을 쓰고 있는 셈이다. 심지어 소문은 우리가 생존할 수 있도록 도와주었으니 말이다. 인간은 대략 50~150명 정도와 함께 무리 지어 살고 있으며 당연히 무리 내 특정인을 다른 사람보다 더 잘 알기 마련이다. 그러나 무리 내 모든 구성원과 긴밀한 관계를 맺지 않더라도 다른 무리에 속한 사람들도 살펴봐야만 한다. 이때 소문은 이런 관찰을 가능케 하는 방식이다.

•))) 우리는 소문 퍼뜨리기를 좋아한다

다른 사람이 무엇을 하고 있는지, 그들의 무리 내 관계가 어떠한지 파악하는 것은 이점이 있다. 따라서 사람들에게는 이러한 정보를 입수하려고 하는 강한 욕망이 있다. 진화는 우리 뇌에 칼로리가 풍부한 먹을거리나 잘 지낸다는 감정을 통해 보상을 제공하는 메커니즘을 구축했고, 그 덕에 음식을 충분히 섭취하게 하여 굶어 죽는 것을 피하게 했다. 이와 마찬가지로 다른 사람에 대한 정보를 입수하여 이를 퍼뜨리는 행위, 즉 소문 역시 보상 메커니즘과 동일한 구조를 가지고 있다. 이렇듯 음식과 소문은 우리가 살아남는 데 도움을 주었다.

소문은 다른 사람에 대한 정보는 물론 반사회적인 행동이나 무임승차 행위를 지양하게 만든다. 그 누구도 '돈을 내야 할 때면 항상 화장실에 가는 사람'이라는 평판을 얻고 싶지는 않을 테니까 말이다. 이러한 관점에서 보면, 소문을 퍼뜨리는 사람은 집단의 안녕에 기여하는 셈이다.

그런데 흥미롭게도 우리는 특히 부정적인 소문을 즐기는 것 같다. 어떤 동료로부터 콘퍼런스에서 상사가 만취해서 망신을 당했다는 얘기를 듣는다면, 아마 상사가 프레젠테이션을 훌륭하게 해냈다는 얘기를 들었을 때보다 더 큰 관심이 생길 것이다. 실제로 부정적인 소문은 사람들 사이에 유대감을 강화한다. 두 사람이 제3자에 대해 이야기를 나눌 때 부정적인 이야기가 서로에게 더욱 강한 유대감을 심어준다고 한다. 말하자면 상사의 프레젠테이션이 얼마나 훌륭했느냐보다 상사가 망신을 당했다는 얘기를 나눌 때 동료와 더욱 큰 친밀감을 느낀다.

그렇다면 뇌는 왜 부정적인 소문을 더 좋아할까? 어쩌면 그러한 정보가 특히 중요하고 믿을 만한 내용을 가르쳐주는 데다 거리를 두어야만 하는 대상에 대해 알려주기 때문일지도 모른다. 같은 이유로 우리는 특히 갈등에도 관심이 많다. 만약 적이 있는 사람이라면 그 적을 좋아하지 않는 사람이 있는지 알아두는 게 도움이 된다. 잠재적인 동맹이 될 수 있으니 말이다.

인류의 10~20%가 다른 사람에게 맞아 죽던 세계에서 누가 누구에게 적의를 가졌는지, 어떤 사람과 어울리는 게 좋은지 등에 대한 정보는 어디에 음식이 있는지 아는 것만큼이나 중요했을 것이다. 갈등에 유독 흥미를 느끼기 때문에 수백만 명이 TV 선거 토론을 푹 빠져서 보는 것이다. 그러니 각 정치인의 이루고자 하는 포부에 대해 객관적인 정보만 보여준다면 대부분 채널을 돌려버릴 것이다.

그럼, 긍정적인 소문은 어떨까? 뇌 입장에서 보면 무가치한 정보일까? 정반대다. 긍정적인 소문은 우리를 더욱 심사숙고하게 하며, 자기계발 방법을 모색하도록 격려한다. 상사의 프레젠테이션이 어땠는지에 대해 듣게 되면 당신 역시 프레젠테이션을 잘하고 싶다는 동기를 얻게 된다. 물론 상사가 망신을 당했다는 얘기가 더 흥미진진하겠지만 말이다!

요람에서 무덤까지 사회적인 인간

소문을 통해 서로를 살피는 행위가 중요한 이유는 적으로부터 자신을 보호하기 위해서만은 아니다. 대부분의 동물과 달리 인간은 기본적으로 사회적인 존재로서, 그 덕에 서로 협력하여 생존할 수 있었다. 많은 연구에서 우리가 사회적일 때 더 오래, 더 건강하게 살 수 있다는 결과가 나왔다. 또한 지나칠 정도로 고립되었을 때는 병에 걸리거나 기대 수명보다 일찍 죽을 위험이 커졌다. 그런데 사실 이런 결과는 전혀 놀랍지 않다.

우리의 사회적인 본능은 태어날 때부터 발현된다. 이를테면 신생아는 무작위로 그어진 선들보다는 얼굴을 연상시키는 선들에 더욱 집중한다. 유아와 성인의 뇌 측두엽에는 얼굴의 특정 부분에 초점을 맞추는 세포가 있는데, 이 세포들은 복잡한 연결망을 통해 서로 협력하면서 상대방을 눈 깜짝할 사이에 분석할 수 있게 해준다. 오늘날 소문을 퍼뜨리고 대화를 나누고 서로에 대한 정보를 입수하려는 우리의 강력한 사회적인 본능은 차츰 휴대전화와 컴퓨터로 옮겨가고 있다. 이 본능은 모든 시대를 통틀어 가장 성공한 기업인 '페이스북'에 자리를 잡았다.

사람은 얼마나 많은 관계를 형성할 수 있을까?

옥스퍼드대학교의 진화심리학자 로빈 던바(Robin Dunbar)에 따르면, 인간은 대략 150명의 개인과 관계를 형성할 능력이 있다. 분명 우리는 훨씬 더 많은 사람을 알고 있고 이름도 기억해낼 수 있다. 그러나 한 사람이 다른 사람에 대해 어떻게 생각하는지 아는 등 좀 더 안정적인 관계로 따지자면 150명 정도라고 한다. 이 숫자를 '던바의 숫자(Dunbar's number)'라고 부른다.

흥미로운 점은 수렵 채집인이었던 우리의 선조들이 최대 150명 정도의 집단을 이루고 살았고, 원시 농경 사회에서도 평균적으로 한 마을에 거주하던 사람 수가 150명 정도였다는 점이다. 던바는 뇌의 바깥 '피부'이자 뇌에서 가장 발달한 부분인 대뇌피질이 인간과 동물이 맺는 사회적 관계의 수를 결정한다고 말했다. 대뇌피질이 큰 종(種)일수록 큰 집단을 이루고 살 수 있다는 것이다.

인스타 브레인

페이스북 성공의 근본적 원인

2004년 2월, 20세의 마크 저커버그(Mark Zuckerberg)는 하버드 대학교 학생들을 대상으로 자신의 인터넷 기반 (사회) 관계망인 '페이스북'을 선보였다. 이후 더 많은 사람이 이 관계망에 합류하기를 원했고, 곧이어 다른 대학의 학생들에게까지 개방한 데 이어 결국에는 모든 사람이 가입할 수 있게 되었다. 관심은 지칠 줄 모르고 계속되었다. 14년 후, 이름에서 정관사(The)를 뺀 페이스북의 총가입자 수는 20억 명을 돌파했다.

지구상 모든 대륙, 거의 대부분의 국가와 연령층에서, 전체 인류의 3분의 1가량이 페이스북에 가입한 셈이다. 다들 페이스북을 사용하고 또 자주 사용한다. 평균적으로 서로의 사진을 보고, 업데이트한 내용을 읽고 공유하고, 디지털 엄지 척을 날리는 데 하루에 30분 이상을 사용한다. 앞으로도 지금처럼 많은 시간을 할애한다면 현재 20세인 사람이 80세가 되었을 때 인생의 5년을 SNS에 쓴 셈이고, 그중 거의 3년은 페이스북에 쓰게 될 것이다.

20억 명의 사람들이 당신이 만든 제품을 하루에 30분 이상씩 사용한다고 생각해보자. 지금까지 어떤 기업도 이뤄낸 적이 없었지만, 마크 저커버그는 주변을 계속해 살피고자 하는 우리의 깊은 욕구를 끄집어내는 데 확실히 성공했다. 그러나 이게 전부는 아니다. 페이스북이 성공하게 된 데는 끊임없이 주변으로 주의를 돌리려고 하는 욕구 외에 또 다른 인간적인 원동력이 있다. 그것은 바로 자신에 대해 말하고 싶어 하는 욕구다.

우리는 자기 자신에 대해 말하기를 좋아한다

과학자들은 우리가 자신에 대해 말할 때 뇌에서 어떤 일이 벌어지는지 알고 싶었다. 그래서 일련의 피실험자들을 모아서 자신에 대해 이야기하도록 하고 그때 뇌의 상태를 관찰했다. 이를테면 피실험자들에게 스키를 타는 것에 대해 어떻게 생각하느냐고 질문을 하면, "스키 타는 거는 최고죠"라는 식으로 자신의 생각을 말하게 했다. 그런 다음, 스키를 타는 것에 대해 다른 사람들은 어떻게 생각하는지 추측해서 말해보라고 했다.

연구 결과, 피실험자들은 다른 사람이 어떻게 생각할지 추측해서 말할 때보다 자기 생각을 말할 때 더 많은 영역에서 뇌가 활성화되었다. 그중에는 눈 뒤에 자리 잡은 내측 전전두피질(medial prefrontal cortex), 즉 전두엽도 있었다. 딱히 놀라울 것은 없는데, 왜냐하면 전두엽은 주관적인 경험과 관련된 중요한 영역이기 때문이다. 그러나 또 다른 한 영역에서도 활동성이 증가하였는데, 바로 측좌핵(nucleus accumbens)으로 쉽게 말하면 보상 센터다. 섹스, 음식, 혹은 다른 사람과 어울릴 때 활성화되는 영역이 우리가 가장 좋아하는 주제인 우리 자신에 대해 이야기할 때에도 똑같이 활성화되는 것이다.

그러니까 자기 자신에 대해 이야기할 때도 내재된 보상이 있다는 의미다. 그럼, 이유가 무엇일까? 그것은 사회적 유대를 강화하고, 다른 사람과 협력하는 능력도 키울 수 있으며, 다른 사람들이 우리의 말과 행동에 대해 어떻게 생각하는지 알아낼 기회도 얻을 수 있기 때문이다. 다른 사람들이 우리의 말에 어떻게 반응하는지 관찰하여 우리 스스로 자신의 행동을 다듬을 수 있다. 이러한 내재된 보상 때문에 말을 통해 입에서 나오는 내용의 절반 가까이는 자신의 주관적인 경험에 대한 것이다.

인류 진화의 역사에서 청중은 거의 한 명 혹은 소수였다. 그러나 오늘날에는 SNS 덕분에 수백 명 혹은 수천 명을 대상으로 자신에 대해 이야기할 수 있는 상상도 하지 못한 무한한 기회를 얻게 되었다. 대부분 자신에 대해 이야기하는 것을 좋아하기는 하지만, 얼마나 좋아하는지는 사람마다 그 강도가 확연히 다르다. 자기 자신과 다른 사람의 경험에 대해 말하게 한 뇌 연구에 따르면, 보상 센터는 분명 모든 사람에게서 활성화되었다. 다만 그 활성화 정도가 사람마다 달랐을 뿐이다. 그런데 흥미롭게도 가장 많이 활성화된 사람들이 페이스북을 더 많이 사용했다! 자신에 대해 이야기하고 인기를 얻어서 보상 센터가 활성화될수록 SNS 사용 빈도도 더 높았다.

왜 SNS를 많이 할수록 우울한 걸까?

클릭 한 번으로 20억 명 이상의 사용자를 만날 수 있는 SNS는 다른 사람들과 연락할 수 있는 최적의 도구로 자리 잡았다. 그런데 우리가 페이스북이나 다른 SNS를 사용한다고 해서 정말로 더 사회적인 인간이 되는 걸까? 꼭 그렇지만도 않다. 미국인 약 2,000명을 관찰한 결과, SNS를 빈번하게 사용하는 사람들이 더 외로움을 많이 탔다. 이 사람들이 실제로 더 외로운지 아닌지와는 별개로, 모두 알다시피 외로움은 친구의 수나 문자, 전화의 수신 횟수로 정량화할 수 없다. 외로움은 느끼는

인스타 브레인

것이다. 그리고 실제로 SNS를 빈번히 사용하는 사람들이 외로움을 타는 것으로 나타났다.

우리는 온라인으로 만나느냐, 실제로 만나느냐에 따라 다른 방식으로 영향받는다. 신체적인 건강에서부터 삶의 질, 전반적인 기분, 페이스북을 얼마나 오래 사용하는지를 비롯해 자신의 시간을 어떻게 활용하는지에 대해 5,000여 명을 대상으로 설문 조사를 실시했다. 그 결과 실제 관계에 더 많은 시간을 투자할수록, 다시 말해 '실제로' 다른 사람을 만날 때 더 잘 지내는 것으로 나타났다. 페이스북에서 보내는 시간이 많을수록 삶의 질은 더 나빠졌다. 연구자들은 조사 결과를 통해 "SNS는 우리에게 더 사회적이고, 사회적으로 유의미한 행동을 하고 있다고 믿게 만든다. 그러나 SNS는 실제로 만나는 사회적 관계를 절대 대신할 수 없다"고 밝혔다.

그런데 SNS 사용량이 많은 사람들은 왜 더 외롭고 우울하다고 느낄까? 디스플레이 앞에 앉아 있느라 친구를 실제로 만날 시간이 없어서? 어쩌면 이들은 SNS를 통해 행복해하는 다른 사람들을 보면서 우울해지고 혼자가 된 것 같은 느낌을 받을 수도 있다. 정신 건강에 SNS가 영향을 미치는 정도는 사회적 계층 속에서 차지하는 자신의 지위가 중요한 메커니즘으로 작용한다. 이에 대한 기본적인 내용을 이해하기 위해 기분

SNS에서 더 사적인 이야기를 하는 이유

언젠가 페이스북에 글을 쓴 다음 나중에 처음 생각했던 것보다 더 많이 썼다는 사실을 깨달은 적이 있다면 당신만 그런 것은 아니다. 우리는 SNS에서 더 많이 의사소통을 할 뿐만 아니라 자기 자신에 대해 더 많이 이야기한다. 말하는 상대방이 눈에 보이지 않기 때문이다. 여러 연구에 따르면 우리는 다른 사람과 직접 대면했을 때에는 너무 개인적이라고 여기는 내용을 온라인에서는 아무렇지 않게 세세하게 공유하는 것으로 드러났다. 이는 우리가 다른 사람과 마주하고 있을 때는 일종의 선을 긋는 데다 대화 상대방의 표정과 제스처를 볼 수 있기 때문으로 추정된다. '저런, 저 사람은 좀 회의적인 표정을 짓는군, 더 얘기하지 않는 게 좋겠어'라고 생각하는 것이다. 하지만 피드백을 받을 기회가 없으면 자기 검열은 사라지게 된다. 이 때문에 실제로는 3명 앞에서도 말하지 않는 개인적인 이야기를 페이스북에서는 아무렇지 않게 3,000명을 대상으로 하는 것이다.

인스타 브레인

에 영향을 미치는 도파민과 유사한 뇌의 또 다른 전달 물질에 대해 살펴보겠다. 바로 세로토닌이다.

세로토닌은 평온, 조화, 내면의 힘과 연관되어 있다. 그런데 세로토닌은 우리의 기분에만 영향을 미치는 게 아니라 무리에서 차지하는 지위에도 중요하다. 연구자들이 버빗원숭이 무리를 관찰한 결과, 원숭이 무리의 우두머리 수컷은 세로토닌 수치가 더 높았다. 지위가 낮은 다른 원숭이보다 2배 가까이 높았던 것이다. 이는 우두머리 수컷이 자신의 강력한 사회적 입지를 인지하고 있다는 것을 보여준다. 즉, 자신감이 넘치는 것이다.

세로토닌은 인간에게도 유사한 영향을 미친다. 기숙사에서 생활하는 미국의 대학생들을 조사해보니, 기숙사에서 오래 생활하면서 리더 역할을 한 학생들의 세로토닌 수치가 갓 입사한 학생들보다 더 높았다. 연구자들은 재미 삼아서 교수와 조교들의 세로토닌 수치도 측정해보았다. 뇌의 세로토닌 수치를 직접 측정하기 어려워서 혈중 농도로 측정했다. 과연 결과는 어땠을까? 교수들의 세로토닌 수치가 가장 높았다! 교수와 조교들의 세로토닌 수치는 당연히 과학적인 사실이라기보다는 그냥 재미로 받아들여야 한다.

사회적 지위는 기분에 중대한 영향을 미친다

원숭이든 인간이든 권력자는 빠르게 바뀌기 마련이다. 우두머리 수컷이 어떤 이유로든 새로운 수컷에게 우두머리 자리를 빼앗기게 되면, 원래 우두머리였던 수컷의 세로토닌 수치는 급격하게 감소하는 반면 새로운 우두머리 수컷의 세로토닌 수치는 증가한다. 나중에 밝혀진 바에 따르면, 우두머리 수컷이 강제로 밀려나면서 생긴 권력 공백은 조작이 가능하다. 무작위로 선발한 원숭이에게 항우울제를 처방하여 세로토닌 수치가 올라가면 그 원숭이가 갑자기 지휘권을 잡고 새로운 우두머리가 되었다. 그러나 공격성은 증가하지 않고 오히려 감소했다. 그 원숭이는 다른 원숭이를 물리적으로 위협하는 게 아니라 연대를 통해 자신의 지위를 공고히 했다.

오늘날에는 원숭이가 자신의 사회적 지위를 인식하는 데 세로토닌이 영향을 미친다고 보고 있다. 어쩌면 인간도 비슷할지 모른다. 세로토닌 수치가 가장 높은 자가 우두머리가 될 가능성이 있을 뿐만 아니라, 실제로 우두머리다. 그리고 스스로 자신에게 강력한 사회적 지위가 있다고 판단되면 세로토닌 수치가 올라간다.

심술궂게도 한 실험에서 연구자들은 우두머리 수컷과 다른 원숭이들 사이에 판유리를 설치했다. 우두머리 원숭이는 다른 원숭이들을 볼 수 있었지만 다른 원숭이들은 우두머리 원숭이를 볼 수 없었다. 우두머리 원숭이가 손짓으로 다른 원숭이들에게 지시를 내려도 다른 원숭이들은 신경을 쓰지 않았다. 결국 우두머리 원숭이는 좌절감과 더불어 예전과 같은 영향력을 발휘하지 못한다는 사실에 불안을 느꼈으며 세로토닌 수치가 낮아졌다. 통솔권을 쥐고 있는 자는 주변에서 그 사실을 알아주길 바라는 것이다.

　흥미롭게도 우두머리에서 지위가 실추된 원숭이는 세로토닌 수치가 낮아진 것뿐만 아니라 행동에도 변화가 나타났다. 피곤해하고 무기력한 데다가 우울해했다. 이는 세로토닌 수치가 떨어지면서 함께 나타난 현상이었다. 정확하게 무엇 때문인지는 알 수 없지만, 한 가지 가능한 설명은 세로토닌의 감소가 소극적인 행동을 유발하여 우두머리 자리에서 물러난 수컷이 새로운 우두머리에게 위협이 되지 않도록 하려는 자연의 방식이라는 것이다. 자연은 사회적 지위가 격하된 수컷이 소극적으로 변하여 스스로 몸을 숨길 수 있는 메커니즘을 발달시켜왔다. 나중에 그 수컷이 힘을 되찾으면 자리를 다시 차지할 수 있도록 말이다.

그리고 이러한 메커니즘에는 스트레스 상황에서와 유사한 원리가 작용한다. 강하고 장기적인 스트레스 상황에서 뇌는 기분을 우울하게 만들어 위험으로 가득 찬 세상에서 몸을 사리도록 만든다. 무리에서 지위가 하락했을 때도 뇌는 몸을 사리고 그 자리를 차지한 존재에게 위협적인 행동을 하지 않아야 한다고 해석하는 셈이다. 뇌는 감정을 통해 이렇게 우리의 행동을 조종한다. 그 결과 기분이 가라앉고 스스로 자신을 무리에서 떨어뜨리려고 한다.

이러한 패턴은 실제로도 관찰할 수 있다. 정신과 의사로서 나는 우울증에 걸린 사람 수천 명을 만나왔는데, 해가 갈수록 우울증에 걸린 사람은 크게 두 집단으로 나눌 수 있다는 생각이 든다. 첫 번째는 직장에서든 인간관계에서든 지속적으로 스트레스를 받은 사람들이고 두 번째는 해고, 이별 혹은 사회적 지위의 실추 등 심리적으로 큰 타격을 받은 사람들이다.

디지털 질투

버빗원숭이는 인간과 마찬가지로 상당히 뚜렷한 위계질서를 가지고 있다. 버빗원숭이와 인간은 기본적으로 위계질서 속에서 자신의 지위를 확립하려고 한다. 이 지위는 우리의 감정에 중대한 영향을 미치는데, 이때 세로토닌이 위계질서 내 우리의 위치와 안녕 사이에서 생물학적인 교량 역할을 한다. 높은 자리에서 아래로 떨어졌을 때 감정적인 동요가 이는 것을 쉽게 볼 수 있는데, 잠시 멈추고 그게 어떤 의미인지 한번 생각해보자. 다른 사람과 하는 경쟁에서 불리한 위치에 서게 될 때, 특히 자신의 위치가 전보다 더 불리해지면 불안해지고 기분도 가라앉는다. 오늘날 우리는 오로지 경쟁만을 한다. 스포츠에서 경쟁하고, 수학 시험 결과를 두고 경쟁하며, 페이스북과 인스타그램에서도 휴가 때 누가 가장 이국적인 곳으로 여행을 갔는지, 누가 친구가 가장 많은지 혹은 누가 더 값비싼 타일로 욕실을 리모델링했는지를 놓고 경쟁한다. 그리고 그게 어떤 '종류'의 경쟁이었든 항상 누군가는 이긴다.

그렇지만 우리는 오늘날만이 아니라 항상 경쟁해오지 않았던가? 물론 어느 정도는 그렇다. 하지만 불과 20~30년 전과 비교하더라도 경쟁의 범위가 지금과는 전혀 달랐다. 청소년기에 나는 학교 친구들과 나를 비교했으며, 미래에 꿈꿨던 모습도 록스타가 되는 것처럼 실현 불가능하고 모호한 것투성이였다. 그러나 오늘날 어린이와 청소년들은 학교 친구들의 사진뿐만 아니라 포토샵으로 편집한 인스타그램 스타들의 그럴싸한 사진들에 둘러싸여 있다. 인스타그램의 스타들은 멋진 삶이라는 칭송을 받기 위해서 달성 불가능한 목표를 세우고 인스타그램을 포장하고 있다. 그 결과 많은 사람이 자신은 위계질서의 최하단에 위치한다고 느낀다.

내가 청소년기를 보냈던 1980년대 이전으로 시간을 되감아 생각해보면, 지금 우리가 비교하는 그룹은 우리와 격차가 훨씬 더 크다. 우리 선조들은 자기 부족 사람들과 경쟁했기에 실질적으로 경쟁자는 20~30명을 넘지 않았을 것이다. 나머지는 너무 나이가 많거나 너무 어리기 때문이다. 하지만 오늘날에는 수십억 명과 경쟁한다. 당신이 무엇을 하든 항상 당신보다 더 잘하는, 더 현명한, 더 멋진, 더 부유한 혹은 더 성공을 거둔 누군가가 있다. 사회적 위계질서 속에서 차지하는 우리의 지위가 감정에 영향을 미친다는 사실을 염두에 두고 살펴본다면, 새로운 온라인 세계가 우리의 감정에 영향을 미치는 것은 어쩌면 당연하다. 새로운 온라인 세계는 여러 가지 가능한 범위에서 끊임없이 자기 자신과 다른 사람을 비교하게 하는 곳이니까.

이렇듯 끊임없이 비교하게 만드는 SNS 때문에 우리의 자신감이 떨어지는 거라고 의심해볼 만도 하다. 그리고 실제로도 그런 일이 벌어지고 있다. 페이스북과 트위터 사용자 3명 중

인스타 브레인

2명은 자신이 부족하다고 생각하느냐는 질문에 그렇다고 답했다. 자기보다 더 현명하거나 혹은 더 성공한 다른 사람들에 대한 정보가 계속해서 쏟아지기 때문에, 무엇을 하든지 자신은 부족해 보이는 것이다. 외모는 말할 것도 없다.

10대 청소년을 포함한 젊은 성인 1,500명을 대상으로 조사한 결과, 조사 대상자 70%가 인스타그램 때문에 자신의 몸을 더 부정적으로 인식하게 되었다고 답했다. 20대를 대상으로 한 또 다른 연구에서는 절반 가까이가 SNS 때문에 자신이 매력적이지 않다고 느꼈다. 10대도 마찬가지였다. 한 설문 조사에 따르면, 12~16세 사이의 모든 응답자 절반가량이 SNS를 사용하면서 자신의 몸에 불만을 느꼈다고 답했다. 특히 남자아이들보다 여자아이들의 자신감이 더 낮았다.

닭이 먼저인가, 달걀이 먼저인가

SNS가 우리에게 미치는 영향을 조사하려다 보면, 바로 무엇이 먼저인가에 대한 문제에 부딪히게 된다. 닭인가, 달걀인가? SNS를 빈번하게 사용하는 사람들이 우울하다는 사실을 발견했다면, 이러한 우울한 상태의 배경에 SNS가 있다는 사

우리는 어떤 것에 가장 큰 질투를 느낄까?

600명을 대상으로 페이스북을 사용할 때 가장 많이 느끼는 감정이 무엇인지를 조사한 결과, 과반수가 긍정적인 감정을 느꼈다고 답했다. 그러나 3분의 1은 부정적인 감정을 느꼈고, 가장 많이 느낀 감정은 질투였다. 그렇다면 페이스북에서 어떤 것을 봤을 때 질투를 느낄까? 새 차일까, 아니면 새로 리모델링한 집일까? 둘 다 아니었다. 질투의 대상은 다름 아닌 다른 사람의 경험이었다. 이국적인 곳에서 찍은 휴가 사진은 비싼 소파나 빠른 스포츠카보다도 질투를 더 유발했다. 그리고 경험은 바로 우리가 다른 사람과 가장 많이 공유하고 싶어 하는 것이기도 하다.

실을 어떻게 알 수 있을까? 정반대로 우울한 사람들이 페이스북이나 인스타그램에 빠져드는 것일 수도 있다. 이 인과 관계 문제를 해결하기 위해 연구자들은 20대를 대상으로 2~3개의 간단한 질문을 던졌다. 질문은 "지금 기분이 어떻습니까?" "지금 삶에 대한 만족도는 어느 정도입니까?" "지난번에 이 질문에 대답한 이후 페이스북을 얼마나 많이 사용했습니까?" 였다.

이 질문들은 하루에 다섯 번 반복되었고, 실험 참가자들은 휴대전화를 사용해 대답했다. 참가자들은 당시 기분이 어떤지, 지난 몇 시간 동안 페이스북을 얼마나 많이 사용했는지 응답했다. 결과는 어땠을까? 페이스북에서 보낸 시간이 많을수록 삶에 대한 만족도가 낮았다. 이 결과는 무엇이 먼저인지에 대한 확실한 증거는 아닐 수 있지만 짧은 순간이나마 삶에 대한 만족도가 떨어지는 것은 사실이다. 다른 사람이 올린 이국적이고 특별한 휴가 사진, 혹은 음식 사진을 보고 나면 그런 현상이 나타나는 것 같다. 이에 연구자들은 그 결과에 대해 "표면상으로 페이스북은 사회적 접촉이라는 인간의 기본적인 욕구를 충족시켜 주는 매우 귀중한 자원이다. 하지만 연구 결과를 보면, 페이스북은 인간의 안녕을 증진하기보다는 오히려 악화시킨다"라고 정리했다.

예일대학교의 연구자들도 2년에 걸쳐 5,000명의 감정 상태를 추적했는데, 동일한 현상이 나타났다. SNS에서 보내는 시간이 길수록 이후 몇 달 동안 행복감도 낮았다.

SNS는 다양한 방식으로 우리에게 영향을 미친다

페이스북을 유독 많이 사용하는데도 여전히 기분이 좋고, 움츠러들거나 의기소침하지도 않으며 질투도 하지 않는 여러 사람을 분명히 알고 있을 것이다. SNS를 오래 사용한다고 해서 모든 사람의 기분이 가라앉는 것은 아니다. 일련의 연구 결과들은 SNS가 사람들을 우울하게 만들 위험이 있다는 사실을 보여주지만, 한편으로는 우리의 기분을 더 좋게 만든다는 연구 결과들도 있다. 페이스북 친구가 많은 사람은 사회적 지지와 행복감이 향상되는 경험을 한다는 것이다. 게다가 자신감도 높아진다고 한다! 그렇다면 대체 누구의 말을 믿어야 한단 말인가?

한 번의 실험 결과만으로 판단하기보다 여러 번 실험을 한 후 그 결과를 종합하는 게 필요하다. 약 70건의 개별 연구의 결과를 취합해보니, SNS는 우리 기분에 부정적인 영향을 미치기는 하지만 평균적으로 그 여파는 크지 않았다. 그러나 이는 그저 평균일 뿐이다. 특정 그룹은 SNS를 많이 사용할수록 기분이 저하될 가능성이 급격하게 증가했다. 이러한 그룹에는 신경증적인 기질이 있거나 끊임없이 걱정하고 불안해하는 사람들이 포함되어 있는데, 이들은 그렇지 않은 사람들과 비교했을 때 SNS에 더 부정적인 영향을 받았다.

게다가 SNS 사용 방법도 기분을 가라앉히는 데 영향을 끼쳤다. 다른 사람의 사진을 보기만 하고 자기 사진은 올리지 않거나 댓글 등을 통해 소통하지 않는 수동적인 사용자는 적극적인 사용자보다 의기소침해지는 경향이 있었다. 적극적인 사용자는 단지 사진을 올리는 데 그치지 않고 다른 사람들과 개별적으로 소통하기도 했다. 당연히 다들 개별적으로 소통하지 않겠느냐고 할 수도 있지만, 페이스북의 모든 활동 중에서 단 9%만이 적극적인 소통으로 집계되었다. 대부분 그저 끊임없이 업데이트되는 피드와 사진을 훑어보기만 했다. 상당수가 SNS를 사교 활동을 위해 사용하는 게 아니라 그저 다른 사람이 무엇을 하는지 살펴보거나 개인 브랜드를 만들기 위한 플랫폼으로 활용하고 있었다.

SNS에서 강력한 사회적 지지를 얻은 사람들은 SNS를 사회생활의 보조 도구이자 친구나 지인과 연락하는 수단으로 사용했다. 그리고 이러한 사용법은 대부분 긍정적인 영향을 미쳤다. 그 반면에 SNS를 사회생활의 대체재로 삼은 사람들은 대체로 기분이 가라앉아 있었다. 여러 연구에 따르면, 애초에 약간 우울하고 자신감도 없는 사람이 SNS를 과도하게 사용하면 더 기분이 안 좋아지고 자신감도 더 떨어질 위험이 커졌다.

SNS에 사로잡힌 10대

자신감이 낮고 불안정한 사람은 SNS 때문에 우울해질 위험이 급격하게 상승한다. 왜냐하면 이런 사람들은 다른 사람과 자신을 자주 비교하기 때문이다. 모든 사람이 살면서 기본적으로 불안정하다고 느끼고, 주변과 비교하며 불안해하는 시기가 있을까? 바로 10대 시절이 그렇다. 오늘날의 10대는 SNS에 사로잡혀 있다고 해도 과언이 아니다. 12~16세 사이의 청소년 4,000명을 대상으로 설문 조사를 했는데, 7명 중 1명(14%)이 하루에 최소 6시간 동안 SNS를 사용한다고 답했다. 깨어 있는 시간의 3분의 1 이상을 할애하는 셈이다!

　10세 아동을 대상으로 5년 동안 기분 상태, 친구 관계, 외모, 학교와 가족에 대한 만족도를 조사했는데, 시간이 갈수록 잘 지낸다, 좋다는 답이 줄어들었다. 10대 대부분이 어린아이들보다 더 피로감을 느낀다는 사실을 고려하면 이상할 것 없는 결과다. 뇌의 도파민 시스템은 10대 시기에 대체로 변화를 겪는데, 흥미로운 점은 SNS를 많이 사용한 아이들이 특히 행복감이 많이 저하되었다. 그런데 이러한 패턴은 여자아이들에게서만 관찰되었는데, 여자아이들이 전반적으로 남자아이들보다 SNS를 더 많이 사용했다. 연구자들은 이 연관성이 무엇 때문인지 추측했고, "아이들에게 SNS는 언제나 들어가서 볼 수 있는 것을 의미한다. …… 아이들은 '완벽한' 신체, '완벽한' 삶을 담은 사진을 끊임없이 보게 되며, 이는 자신을 다른 사람과 비교할 수밖에 없게 만든다"고 진단했다.

SNS가 일부 10대와 성인들의 기분을 우울하게 만들고 외로움을 타게 하며, 심지어 자신감을 깎아내릴 수도 있다는 연구 결과는 차고 넘친다. 그리고 특히 여자아이들이 심각하게 영향을 받는 것으로 드러났다. 그러나 어쩌면 그 여파는 훨씬 더 광범위할지도 모른다.

사람을 만날 때 활성화되는 거울신경세포

30년 전, 이탈리아 과학자들은 우리가 몸을 움직일 때 뇌에서 벌어지는 일을 알아내기 위해 원숭이 무리를 조사했다. 원숭이들이 음식에 손을 뻗을 때 전운동피질(premotor cortex)의 세포들이 활성화되었는데, 이곳은 신체의 움직임을 조직하는 데 도움을 주는 영역이다. 주목할 만한 부분은 다른 원숭이들이 음식에 손을 뻗는 것을 볼 때도 동일한 세포가 활성화되었다는 사실이다. 과학자들이 발견한 세포는 원숭이에게만이 아니라 인간에게도 있는데, 거울신경세포(mirror neuron)라고 부른다.

거울신경세포는 다른 사람을 모방하는 것으로 학습을 도와주는 뇌세포다. 신생아에게 혓바닥을 내미는 행동을 하면 신생아가 똑같이 따라 하는 이유다. 거울신경세포는 신체의 움직임을 학습하도록 도울 뿐만 아니라 뇌의 여러 영역에 존재하는 중요한 세포다. 그중 한 영역이 감각피질(somatosensory cortex)로, 다른 사람이 느끼는 감정을 이해하는 데 도움을 준다. 문에 손이 끼인 사람의 사진을 보면, 우리 뇌에서는 사진 속 사람의 뇌에서 벌어진 것과 유사한 활동이 일어난다. 고통이 직접 크게 느껴지지 않더라도 어쨌든 느낌은 들 것이다.

거울신경세포는 직접 행동을 시뮬레이션하여 다른 사람의 고통을 이해할 수 있게 도와준다. 그리고 거울신경세포는 고통만이 아니라 다른 사람의 기쁨, 슬픔, 공포를 모두 느낄 수 있게 도와준다. 바깥 세계와 내부 세계, 즉 다른 사람들과 자기 자신 간에 교량을 만들어주는 셈이다. 다른 사람을 이해하려고 하는 본능적인 욕구를 마음 이론(theory of mind)이라고 한다. 거울신경세포가 중요한 역할을 한다고는 하지만, 다른 사람의 머릿속을 경험하고 싶을 때 우리의 뇌가 어떤 식으로 움직이는지는 아직 완벽하게 알 수 없다. 하지만 판단을 내려야 할 때 뇌가 수많은 정보를 수집한다는 사실은 알고 있다. 뇌는 누군가가 하는 말뿐만 아니라 눈동자 움직임, 표정, 몸짓, 태도, 목소리 톤 그리고 판단하려고 하는 사람에 대한 다른 사람들의 반응을 종합적으로 살펴본다. 뇌는 대부분 무의식적으로 모든 것을 처리하며, 다른 사람의 생각, 감정, 의도에 대해 경험을 바탕으로 이해하고 그에 따라 답을 제시한다.

마음 이론은 우리가 누군가를 만나거나 볼 때 계속해서 이루어지며, 우리의 뇌는 쉬지 않고 다른 사람이 어떻게 느끼는지를 시뮬레이션한다. 뇌가 대체 왜 그러는지 궁금할 수도 있는데, 아마도 다른 사람이 어떤 행동을 취할지 이해하고 여기에 적절하게 대처하도록 하는 게 목적일 것이다. 뇌가 끊임없이 "이제 뭘 하지?"라는 질문에 대한 답을 찾는다는 사실을 떠올리면 된다.

거울신경세포는 태어날 때부터 있는 것으로, 이를 볼 때 다른 사람의 생각과 감정을 이해하려는 욕구는 아마도 선천적인 것 같다. 그렇다고 해서 우리가 태어날 때부터 다른 사람의 머릿속 내용을 능숙하게 이해한다는 뜻은 아니다. 이는 연습이 필요한 부분으로 어려서부터 훈련이 이뤄진다. 영유아기에도 연습을 하지만 뇌에서 가장 발달한 영역인 전두엽이 성숙하는 10대부터 주로 이뤄진다. 그렇다면 어떤 식으로 연습을 하는 걸까? 바로 부모, 형제자매, 친구들을 직접 만나면서 서서히 경험의 저장고를 구축하게 된다. 우리는 경험의 저장고를 다른 사람의 감정, 생각, 의도에 대해 더 나은 판단을 내리는 데 사용한다.

뇌의 거울신경세포가 최대한 잘 기능하게 하려면 실생활에서 다른 사람을 만나야 한다. 과학자들이 다른 사람과 직접 만날 때와 연극을 볼 때, 영화를 볼 때 거울신경세포의 활동성을 비교했는데, 실제로 사람을 만날 때 거울신경세포가 가장 많이 활성화되었다고 한다. 그다음은 연극을 볼 때였고, 마지막은 영화를 볼 때였다. 영화를 볼 때도 거울신경세포가 활성화되기는 했지만 앞의 두 경우만큼 강력한 영향력을 발휘하지는 못했다. 이는 그림이나 디스플레이로 뭔가를 볼 때, 다른 사람의 생각과 감정에 대한 직관적인 이해를 도와주는 생물학적인 메커니즘이 제대로 활성화되지 않는다는 뜻이다.

트렌드가 되어버린 나르시시즘

다른 사람들이 어떻게 생각하고 느끼는지 이해하는 것은 우리의 가장 중요한 특질인 공감 능력의 기초가 된다. 공감 능력은 다른 사람이 겪고 있는 고통을 미루어 짐작하는 것을 뜻한다. 평소에 뇌는 신체적 고통을 이해하는 데 그다지 어려움을 겪지 않지만, 만약 고통이 '추상적'일 때는 문제가 좀 더 복잡해진다. 다리가 부러진 사진을 보면 뇌는 바로 고통에 반응하는 영역이 활성화된다. 마치 그 고통을 직접 경험하듯이 말이다. 하지만 누군가가 심리적으로 고통을 받고 있다는 사실을 알게 되었을 때는 뇌가 반응하는 데 좀 더 시간이 걸린다. 다른 사람이 겪고 있는 우울증이나 이혼 후 슬픔 같은 것은 다리가 부러진 통증보다 미루어 짐작하기에 더욱 복잡하다.

마음 이론 능력은 연습해야 하는 것으로, 다른 사람의 표정과 움직임, 몸짓을 관찰해야 한다. 그렇다면 개별적인 연락을 문자, 트위터, 사진으로 대체하는 디지털 사회에서는 어떻게 되는 걸까? 타인과 떨어져 홀로 지내고, 대부분 얼굴 없이 의사소통을 하며, 하루 중 3~4시간은 디스플레이를 보는 동안 우리의 뇌에서는 어떤 일이 벌어지고 있을까? 그리고 심리적인 고통에 대한 공감이 뇌에 좀 더 부담을 준다면, 디지털 생활 방식 때문에 마음 이론 능력이 완전히 발달하지 못한 10대 시기에 공감 능력이 더 떨어지는 걸까?

여러 연구자와 학자들이 이미 이러한 위험을 경고한 바 있는데, 그중에 청소년 행동을 연구해온 심리학자인 진 트웬지(Jean Twenge)와 키스 캠벨(Keith Campbell)이 있다. 이들은 SNS의 여파로 '나르시시즘 유행(epidemic of narcissism)'이 어떻게 확산되고 있는지, 어떻게 전례 없을 정도로 자기 자신에게 집중하며 다른 사람들에게는 신경조차 쓰지 않는지에 대해 설명했다.

이는 추측일 뿐이라고 생각할 수도 있다. 디지털 세계에서는 SNS를 통해 전 세계 사람들을 만나고, 마을의 범위도 더욱 넓어지며, 또한 다른 사람들의 삶에 대해 깊은 통찰을 할 수 있기 때문에 공감 능력도 더욱 확장될 수 있지 않을까? 물론, 당연히 그럴 수 있다. 그러나 70여 개 연구의 결과를 종합해

인스타 브레인

보면, 트웬지와 캠벨이 제대로 짚었다는 것을 알 수 있다. 대학생 4,000명을 대상으로 연구를 진행했는데, 연구 결과에 따르면 참가자들은 1980년대 이후부터 점점 공감 능력이 감소했다. 특히 두 가지 능력이 두드러지게 감소했는데, 첫 번째는 공감적 관심(empathic concern)이다. 이는 어려운 시기를 겪는 사람들의 고통을 함께 느끼는 능력이다. 두 번째는 대인 민감성(interpersonal sensitivity)으로 다른 사람의 관점에서 세상을 바라볼 수 있는 능력이다. 그리고 이러한 능력의 감퇴는 대학생들뿐만 아니라 중고등학생들에게서도 관찰되었다. 이들 모두 1980년대 말 이후로 좀 더 자기도취에 빠져 살고 있는 것이다.

휴대전화와 SNS의 영향으로 10대들이 더욱 자기중심적이며 사회적 지위와 외모에 집착하게 되었고, 그 결과 자신만 돌보고 다른 사람에게는 무신경하게 되었다고 볼 수 있을까? 사고 현장에서 도움을 주기보다는 페이스북에서 '좋아요'를 몇개 더 받기 위해 현장을 영상으로 찍으려고 휴대전화를 집어드는데, 그 원인이 이것 때문일까? 이런 질문에 대한 대답은 아직 확실하게 알 수 없다. 우리의 디지털 생활 방식이 공감 능력을 무디게 만들고 마음 이론 능력을 저하시킨다고 100% 확실하게 말할 수는 없다. 그러나 그럴 가능성이 있다는 걱정스러운 신호들이 포착되고 있다.

누가 당신의 관심을 끄는가?

지금 입고 있는 옷을 대체 왜 샀는지 곰곰이 생각해본 적이 있는가? 옷이 멋져서 산 걸까, 아니면 가격이 적당해서 산 걸까? 지금 입고 있는 옷과 소유한 물건 대부분은 언젠가 그 정보를 살펴본 적이 있었을 것이다. 누군가가 여러분에게 휴대전화, 가구, TV, 컴퓨터를 구입하라고 정보를 제공하고 그 물건들이 필요하다고 설득했을 것이다.

전 세계 광고 시장에서는 매년 600조 원이 넘는 돈을 쓰고 있다. 광고는 신문, TV, 거리 광고에서 엄청나게 빠른 속도로 우리 휴대전화 안으로 이동했다. 우리의 뇌가 기능하는 방식을 생각하면 놀라울 것 없는 전개다. 알다시피 관심은 장기 기억을 위한 첫걸음이며, 상업적인 메시지를 인식하는 중요한 기준이다. 우리가 무엇을 원하는지 기억해야만 한다! 당신은 사회적 정보가 중요하다는 것을 알고 있고, 사회적 정보가 생존에 도움이 된다는 사실도 기억하고 있을 것이다.

디지털 마케터들은 이러한 사실을 마케팅에 활용하고 있다.

이들은 우리의 관심이 매일같이 뇌에 수백 번씩 소량의 도파민 주사를 놔주는 기기에 쏠려 있다는 사실을 알고 있다. 또한 주변 환경에 대한 정보에 목말라하며 뇌에 새로운 정보를 저장할 준비가 되어 있다는 사실 역시 알고 있다. 자신들이 쏟아붓고자 하는 메시지에 대해 우리의 뇌가 의식적이든 무의식적이든 긍정적인 연상을 형성할 것이라는 사실도 알고 있다. 그래서 우리의 SNS 흐름에 교묘한 방식으로 광고를 집어넣어서 목적한 효과를 달성한다.

상업적인 메시지를 쏟아붓는 휴대전화의 능력은 맞수가 없을 정도다. 휴대전화는 관심을 사로잡는 능력 외에도 효과를 극대화시킬 수 있는 바로 그 자리에 광고 메시지를 심는 능력이 있다. 페이스북과 인스타그램 피드 사이에 배치된 광고를 본 적이 있을 것이다. 무척 교묘하게 넣어놓은 탓에 친구들의 피드와 구분하기가 쉽지 않다. 광고의 위치는 각각 맞춤형으로 구성되기 때문에 광고를 보는 사람의 감정 상태가 가장 수용적일 때 메시지를 노출한다. 예를 들면, 방금 페이스북에서 축구 경기 사진을 본 사람은 스포츠 행사 광고를 보여주기에 적합한 후보이며, 휴양지 사진에 '좋아요'를 누른 사람은 비행기 표를 예매하는 데 관심을 보일 수 있다.

주의를 분산시키는 것들에 둘러싸인 세상에서 관심은 황금이나 마찬가지다. 마케터들 입장에서는 휴대전화만큼 유용한 도구가 없고, 휴대전화에서 메시지를 노출하기에 SNS만큼 효과적인 방법도 없다. 그래서 페이스북은 기숙사 프로젝트에서 출발하여 15년 만에 완전히 전 세계 광고 시장을 장악하게 된 것이다. 페이스북은 사람들의 주의를 끌어야 하는 싸움에서 승리했다. 보물창고가 활짝 열린 셈이다. 오늘날 페이스북의 시가 총액은 스웨덴 GDP의 절반을 웃돈다. 페이스북이 반기 보고서를 낼 때마다 주식 투자자들은 사용자들의 페이스북 체류 시간을 꼼꼼하게 살펴본다. 1분 1초가 황금과 같고 광고를 팔 새로운 기회를 제공해주기 때문이다. 이 때문에 페이스북은 사용자들을 최대한 오랜 시간 머물게 하려고 갖은 애를 쓰고 있다.

SNS는 결코 공짜가 아니다

자동차 제조업체는 끊임없이 차량을 개선하고, 더 안전하게, 더 환경친화적으로, 더욱 저렴하게 만들려고 한다. 만약 이러한 기준을 충족하지 못한 자동차 제조업체들은 결국 재정 상황이 나빠지게 될 것이다. 페이스북을 비롯한 기타 SNS에서 가장 중요한 자산은 사람들의 관심이며, 따라서 SNS 측에서는 사람들의 관심을 더욱 잘 끌어낼 수 있는 상품을 만들어야 한다. 그렇게 하지 못하면 늦든 이르든 파산하게 될 것이다. 그래서 사람들의 관심이라는 경화(硬貨)를 둘러싼 디지털 총알 경쟁은 매일같이 치열해지고 있다. 앱 개발자, 휴대전화 제조업체, 도박과 SNS 모두 전보다 더욱 교묘한 메커니즘을 구사하여 전쟁터를 돌파하고자 시도하고 있다. 우리의 관심을 얻어내기 위해 뇌의 도파민 시스템을 더욱더 능숙하게 이용하고 있다.

휴대전화에 설치된 앱을 한번 살펴보자. 색상은 선명하고 심볼은 단순하며 강력하다. 휴대전화는 슬롯머신이나 다름없어 보이며, 어떤 색이 눈길을 끄는지를 행동과학자들이 세심하게 연구했다는 사실은 전혀 우연이 아니다. 스냅챗은 새로운 사진과 메시지를 보려면 화면을 아래로 쓸어내려야 하고 새로운 내용이 표시될 때까지 몇 초가 걸리는데, 이는 슬롯머신을 모방한 것이다. 슬롯머신의 레버를 당기고 체리 3개가 뜨기를 기도하는 것과 똑같이 말이다! 그 결과는 어떨까? 미지의 결과에 더욱 활성화되는 뇌의 편향된 특질이 시동을 걸게 된다.

트위터도 나름의 방법을 고안했다. 휴대전화 앱을 누르면 하얀색의 트위터 새가 푸른 배경에서 두어 번 커졌다 작아지기를 반복하다가 화면을 꽉 채울 정도로 커진다. 그러고는 갑자기 모든 트윗을 보여준다. 이는 로그인에 시간이 걸리거나 혹은 인터넷 연결 상태가 나쁜 탓이 아니다. 트위터는 기다리게 만들어서 긴장 상태를 유발한다. 지연되는 시간은 뇌의 보상 시스템을 최대한으로 발동시키는 시간이 얼마인지를 정교하게 측정하여 결정한 것이다. 푸시 알림음이 문자 알림음과 동일한 경우가 잦은데, 이것도 우연이 아니다. 같은 알림음을 사용하여 친구가 문자를 보냈다고 믿게 만들어 뇌의 사회적 상호작용 욕구를 파고드는 것이다. 실제로는 뭔가를 팔려는 알림일 수도 있는데 말이다.

페이스북, 스냅챗, 트위터는 자유롭게 메시지와 사진, '좋아요' 같은 디지털 인정을 공유할 수 있는 플랫폼을 제공해주는 곳이 아니다. 이들이 생산하는 제품은 우리의 관심이다. 이들은 다양한 광고주에게 팔려고 메시지, 사진, 디지털 인정을 통해 우리의 관심을 잡아끈다. 만약 공짜로 SNS를 이용하고 있다고 생각했다면 잘못 짚은 것이다.

내가 휴대전화를 쓰는가, 휴대전화가 나를 쓰는가

현재 우리의 관심을 끌기 위해 돈을 그렇게 많이 투입하고 있다면, 나중에 휴대전화와 SNS는 우리의 관심을 지금보다도 더 잘 끌 수 있게 될까? 앞으로 2~3년 뒤에는 디스플레이 앞에서 7~8시간을 보내고 휴대전화와 SNS가 사회적 접촉을 완전히 대체하게 될까? 아니면 새로운 기술을 더 나은 방식으로 사용할 수 있도록 도와주는 휴대전화, 태블릿, 컴퓨터, 앱이 등장할까? 이 모든 것은 바로 우리 자신에게 달려 있다. 우리가 원한다면 인간의 뇌와 좀 더 잘 조화를 이루는 휴대전화와 SNS를 갖게 될 것이다. 아이폰이나 페이스북의 사용이 우리의 기분과 활동을 계속 저하시켜서 언젠가 우리가 사용을 멈춰버린다면, 애플과 페이스북은 새로운 제품을 만들기 위해 고군분투할 것이다. 그러나 이런 일이 실제로 벌어질 것이라는 믿음은 순진한 발상이다.

일각에서는 기술이 어떻게 설계되었는지를 신경 쓰는 것은 무의미하다고 주장한다. 기술은 그저 기술일 뿐이니 적응하면 그만이라는 것이다. 그러나 이는 잘못된 주장이라고 생각한다. 기술은 좋든 싫든 견뎌야만 하는 날씨가 아니다. 기술이 우리를 맞춰야 하지, 그 반대가 되어서는 안 된다. 휴대전화와 SNS는 가능한 한 여기에 의존하도록 정교하게 개발되었는데, 사실 다른 방식으로 개발될 수도 있었으며 여전히 그럴 가능성은 있다. 만일 우리가 다른 제품을 원하고 그 제품을 요구하면, 손에 넣을 수 있을 것이다.

길거리에서 휴대전화에 푹 빠져 주위에서 무슨 일이 벌어지고 있는지 인식하지 못하는 사람들을 볼 때면, '저 사람이 휴대전화를 조작하고 있는 걸까, 아니면 휴대전화가 저 사람을 조작하고 있는 걸까?'라는 생각이 든다. 그렇게 생각하는 사람이 나뿐만은 아니다. 실리콘밸리의 많은 거물들은 자신이 만든 제품에 대해 회한을 토로했다. 특히 SNS 관계자들이 그랬다. 샤마스 팔리하피티야(Chamath Palihapitiya) 페이스북 전 부사장은 한 인터뷰를 통해 "우리가 만들어낸 근시안적이고, 도파민 분비를 유발하는 피드백 루프는 사회의 기능을 저해하고 있습니다"라고 하면서, SNS가 우리에게 저지른 짓을 생각하면 죄책감을 느낀다고 말했다. 페이스북 경영진이기도 했던 숀 파커(Sean Parker)는 페이스북이 인간 심리의 취약성을 이용하고 있다고 강조했다. 또한 "오로지 신만이 아이들의 뇌에 어떤 영향을 미치는지 안다"는 말에 동의하지 않았다.

수렵 채집인의 10~15%는 맞아 죽었다

이 책의 앞부분에서 이야기했듯이 우리 선조들은 위험한 세계에서 살았다. 기근, 감염, 사고, 야생 동물의 위협은 일상적이었고, 인류의 절반이 채 10세도 채우지 못하고 죽었다. 그러나 가장 큰 위협은 사자, 감염증 혹은 아사가 아니라 바로 다른 사람이었다. 말하자면 인류는 서로에게 믿을 수 없을 정도로 잔혹했다. 놀랍게도 발굴된 유해의 상당수에서 두개골의 좌측에 상처가 발견되었는데, 아마도 오른손잡이인 다른 사람에게 머리를 얻어맞은 것으로 추정된다.

수렵 채집인이었던 선조들의 10~15%는 다른 사람에게 맞아 죽은 것으로 보인다. 원시 농경 사회에서는 상황이 더욱 나빠서 5명 중 1명이 맞아 죽었다. 아마 더 많이 차지하기 위해서 싸웠을 것으로 추정된다. 이는 모두 부족 내 살인 사건 통계로, 서로 다른 부족 간의 살인 사건 통계는 더욱 심각했을 것이다. 자기 부족을 떠나 새로운 호모 사피엔스를 찾아 나선 사람들은 사실상 죽음의 길로 간 셈이었다. 그렇다면 이 음울한 숫자가 말하는 것은 뭘까? 바로 인류의 가장 중요한 사회적 원동력 중 하나인 '우리와 그들'로 편을 가르는 본성이다.

특히 외형적으로 이질적인 것을 봤을 때 불안한 이유도 모두 이 본성 때문이다. 두려움 엔진인 편도체는 우리가 알지 못하는 것들을 보면 즉각적으로 반응한다.

7만 년 전 서아프리카 지역에 거주하던 인류는 10만~20만 명이었고, 그중 일부가 서아프리카를 떠났다. 극히 일부인 약 3,000명 정도로 추정하고 있다. 오늘날 쇼핑센터 한 곳에 있을 만한 이 인구가 현재 아프리카 이외 지역에서 살아가는 모든 사람의 선조가 된 것이다. 그러니 우리의 기원을 이렇게 작은 집단으로까지 거슬러 올라간다면 우리는 모두 유전적으로 비슷할 것이며, 실제로도 그러하다. 인간은 다른 종과 달리 대부분 균질하다. 두 사람의 유전 형질은 99.9%가 일치한다. 그런데도 우리의 겉모습은 서로 다르다!

우리의 외견이 다른 가장 큰 이유로 기후 적응을 꼽을 수 있다. 이를테면 피부색은 노출된 자외선의 양에 따라 달라진다. 밝은 피부색은 비타민 D를 활성 형태로 더욱 잘 변환시킬 수 있기 때문에 햇빛이 부족한 지역에 사는 사람들의 피부색이 창백한 것이다. 비타민 D 형성에 더 도움이 되기 때문이다. 그리고 추위에 얼마나 잘 견딜 수 있는지 역시 유전적인 차이가 존재한다. 아시아인들은 눈 아래 지방이 두터운데, 이는 매섭게 추운 곳에서 살았던 몽골 선조들의 유산이라고 보고 있다.

세계 각지 사람들 간의 유전적 차이라고 해봐야 기껏해야 피부 두께 정도일 뿐으로 거주 지역의 환경에 적응한 결과이다. 모두 한 꺼풀만 벗기면 놀라울 정도로 흡사한 것이다. 그러나 우리는 낯선 것에 본능적으로 두려움을 느끼는 탓에 이러한 외견적인 차이를 상당히 크게 받아들인다. 편도체는 경고음을 한 번 덜 울리기보다 한 번 더 울리기를 택한다. 화재 경보 원칙이다! 그리고 편도체는 모르는 사람을 봤을 때 우리에게 적절하게 대처하라고 일러준다. 특히 상대방이 낯설어 보일 때는 더욱 그러하다.

　　만일 나에게 편견에 차 있는 것 아니냐고 한다면, 즉각 아니라고 대답할 것이다. 그러나 또 한편으로 다른 많은 사람과 마찬가지로 나는 생각보다 편견에 차 있다. 뇌는 눈에 보이는 것에 대한 결론을 엄청나게 빠른 속도로 내린다. 우리가 전혀 눈치채지 못할 정도로 말이다. 그렇다고 우리의 마음속 깊은 곳의 욕구를 좇아, 이를테면 인종차별적인 반응을 해야 한다는 뜻은 아니다. 오히려 내재된 메커니즘을 이해하는 게 중요하다. 지나간 시대에서 유래한 이 진화적 잔재는 무의식의 층위에서 우리에게 영향을 미치기 때문이다. 낯선 것 그리고 '그들'에 대한 두려움은 피비린내 나는 인류의 역사를 돌아보면 상당히 합리적이지만 오늘날에는 전혀 들어맞지 않는다.

가짜 뉴스는 사라지지 않는다

서로를 '우리와 그들'로 구분하려는 강력한 욕구는 재앙과 위협에 대한 내재적 두려움과 마찬가지로 인터넷에서도 상당히 지대한 영향을 미친다. 오늘날 많은 사람이 신문이나 TV보다 페이스북을 통해 뉴스를 접한다. 기존 언론 매체와 페이스북 사이에는 중요한 차이가 있다. 신문과 TV 뉴스 편집팀은 어떤 뉴스를 내보낼지 결정하고, 그 뉴스가 흥미로운지, 사실인지를 판단한다. 그에 반해 페이스북 피드의 뉴스는 컴퓨터 프로그램, 즉 알고리즘이 선정한다. 다시 말해 페이스북을 통해 퍼져나간 기사는 그 내용이 사실인지 아닌지를 책임질 편집팀이 없다는 뜻이다. 알고리즘은 페이스북 방문자가 관심 있을 거라고 여기는 뉴스를 고른다. 즉, 친구가 읽고 공유한 것을 고른다는 뜻이다. 뉴스가 사실인지 아닌지는 전혀 중요하지 않다.

역사상 인류의 10~20%가 맞아 죽었기 때문에 우리는 특히 갈등과 위협을 다루는 뉴스에 관심을 보인다. 이러한 종류의 정보는 생사를 좌우할 정도로 중요했다. 페이스북의 알고리즘은 뉴스를 평가할 때 우리가 읽고 공유하는 내용이 얼마나 신빙성이 있는지 개의치 않기 때문에, 갈등과 위협에 직결된 뉴스를 특히 빠르게 확산시킨다. 물론 상당히 긍정적인 뉴스 역시 마찬가지다. 내용이 새빨간 거짓말인지는 전혀 중요하지 않다.

정확히 이런 식으로 뉴스가 퍼져나간다. 연구자들이 SNS에 퍼진 수만 건의 뉴스를 조사한 결과, 가짜 뉴스가 더 많은 사람에게 퍼졌을 뿐만 아니라 더 빨리 퍼진 것으로 나타났다. 진짜 뉴스가 가짜 뉴스만큼 퍼져나가려면 6배 더 많은 시간이 걸렸다. 가짜 뉴스는 더 선정적이고 꼭 진실을 담을 필요가 없으며, 우리가 가짜 뉴스를 읽게 되면 알고리즘은 가짜 뉴스에 우선순위를 부여하여 피드의 맨 위에 띄워놓는다. 게다가 우리는 가짜 뉴스를 계속 공유하는 경향이 있어서 가짜 뉴스의 확산이 순전히 알고리즘의 잘못만이라고도 할 수 없다. 알고리즘 때문에 가짜 뉴스가 우리에게 전달되지만, 그것을 친구들에게 전달하는 것은 우리 자신이다. 그리고 더 많은 사람이 이 흐름에 동참할수록 가짜 뉴스를 진실이라고 믿게 된다.

페이스북은 인류 역사상 가장 큰 뉴스 채널이 되었지만, 자신들이 퍼뜨린 뉴스의 진실성에 대한 언론의 책임을 지지 않는다고 비판받고 있다. 비평가들은 페이스북이 우리에게 내재된 두려움과 갈등에 대한 관심을 의도적으로 악용하여 사람들의 관심을 끌고 있다고 주장한다. 관심을 끌어야 광고주들을 끌어모을 수 있으니 말이다. 일각에서는 SNS의 가짜 뉴스가 군사 갈등에 기름을 끼얹고 민주적인 선거에 영향을 미칠 뿐만 아니라 심지어는 최종 결정을 내리게까지 만들었다고 지적한다.

디지털 디톡스를 할 때인가?

SNS가 우리에게 스트레스를 주고 질투를 유발하며 가짜 뉴스를 확산시킨다면 '페이스북 활동'을 접는 것도 썩 괜찮은 발상이다. 미국 대학생 150여 명에게 기분이 어떤지에 대해 질문을 던진 결과, 예상대로 일부는 기분이 좋았고 일부는 가벼운 우울감을 보였다. 학생들을 두 그룹으로 나눈 다음, 한 그룹에는 일상생활에서 SNS를 계속 사용하게 하고 다른 그룹에는 페이스북, 인스타그램, 스냅챗을 한 번에 최대 10분, 하루 최대 30분만 사용하게 했다.

3주 뒤 하루에 30분만 사용한 그룹은 기분이 개선되었으며 연구 시작 시 우울증 증상이 있던 학생들은 우울감과 고독감이 감소했다고 보고했다. 이는 우울한 사람이 SNS를 더 많이 사용한 게 아니라 SNS가 우리를 우울하게 만들 수 있다는 사실을 보여주었다. 그런데 이 연구에서 주목할 점은 실험 대상들이 SNS를 완전히 차단한 게 아니라 사용 시간을 제한했을 뿐인데도 기분 개선에 도움이 되었다는 사실이다. SNS에 부정적인 영향을 받지 않으려면 정확히 얼마 동안 사용해야 하는지는 알 수 없다. 연구에서 30분으로 정한 것은 그저 임의로 결정한 것이다.

추측하건대 SNS 사용을 줄이는 게 아니라 잠시 중단하거나 완전히 그만둔다면 효과가 더 좋을지도 모른다. 덴마크에서 약 1,000명을 대상으로 일주일 동안 그렇게 실험을 했더니, 피실험자들이 삶에 더 만족해했고 스트레스를 덜 받았으며 주변 사람들과 '면대면'으로 보내는 시간도 늘어났다. 또한 연구는 여러 방면에서 영향을 받는다는 사실을 밝혀냈다. 페이스북 사용으로 질투를 많이 느꼈던 사람에게서 특히 긍정적인 변화가 두드러졌다. 심지어 수동적인 사용자와 댓글을 전혀 달지 않고 그저 읽기만 했던 사람들에게서도 긍정적인 영향이 관찰되었다. 어쩌면 처음부터 지금까지 이 책을 읽은 사람이라면 새로운 이야기가 아닐지도 모르겠다.

7장

청소년 우울증과 휴대전화

"교실에서 휴대전화가 사라지면 무슨 일이 일어날까?"

———

저희는 집에서 아이들의 디지털 기기 사용에
제한을 두고 있습니다.

_스티브 잡스(Steve Jobs), 애플 창업자

INSTA
BRAIN

디지털 기기가 아이에게 미치는 영향

2017년 10월에 '스웨덴인과 인터넷(Svenskarna och internet)'이라는 이름으로 인터넷 사용 습관에 대한 결과가 발표되었다. 근 20년 사이 행해진 최대 규모의 조사였는데, 우리가 휴대전화에 미쳐 있다는 조사 결과에 놀라는 사람은 아무도 없었다. 하지만 사람들이 숨을 죽인 내용이 하나 있었는데, 바로 디지털 기기가 아이들의 삶에 지대한 영향을 미칠 때까지 수수방관해왔다는 사실이었다. 심지어 아주 어린 아이들에게도 디지털 기기가 영향을 미치고 있었다. 조사에 따르면 0~12개월 사이의 신생아 4명 중 1명은 인터넷을 사용하고 있었고, 2세 절반 이상이 매일같이 인터넷을 사용했다.

취학 이후로는 조사 지표의 대부분이 치솟아 100%에 달했다. 모든 7세 아동의 과반수가 매일 인터넷을 사용하고 있었으며 11세 아동은 실질적으로 모두(98%) 개인 휴대전화를 가지고 있었다. 스웨덴의 10대는 하루 중 3~4시간 동안 휴대전화를 사용했다. 자는 시간과 먹는 시간, 유치원이나 학교에 통학하는 시간을 제외하면 10~12시간이 남는데, 그중 3분의 1 이상을 디스플레이 앞에서 보내는 셈이었다.

물론 이는 스웨덴만의 현상이 아니다. 영국의 조사 결과에 따르면, 영국 내 유아와 10대는 휴대전화, 태블릿, 컴퓨터 혹은 TV를 보는 데 하루에 6시간을 쓰고 있었다(1990년대 중반에 한 조사에서는 3시간이었다). 또 다른 조사 결과에 따르면, 미국 10대는 하루에 9시간 동안 인터넷을 사용하는 것으로 나타났다. 전 세계에서 유사한 현상을 보였다. 성인들도 다양한 디스플레이 앞에서 지나치게 많은 시간을 보낸 대가를 상당히 크게 치르고 있었다. 그렇다면 디지털 기기는 아이와 청소년에게는 얼마나 해로울까? 지금부터 살펴보겠다.

아이들의 휴대전화 의존성

"휴가 어땠어?"

가족 여행으로 마요르카섬에서 여름휴가를 보내고 막 돌아온 동료에게 물었다.

"뭐…… 날씨는 끝내주고 호텔은 근사했지. 근데 썩 좋지는 않았어."

동료는 아이들의 휴대전화 사용 문제로 휴가 내내 갈등을 겪었다고 말했다. 아이들이 식탁에서도 휴대전화와 태블릿을 내려놓지 않아서 토론과 언쟁이 벌어졌고, 결국 아이들에게 디지털 기기를 모두 방에 두고 오라고 했다는 것이다. 그런데도 아이들은 호텔의 얇은 벽 너머로 들려오는 휴대전화 진동 소리에 완전히 정신이 팔려 있었다고 한다.

"아무리 말싸움을 하면 뭘 해, 애들은 전혀 관심도 없는데. 휴대전화를 다른 방에 둬도 신경은 온통 거기 가 있더라니까."

동료는 결국 포기했다고 고백했다.

뇌는 이따금 서로 도와가면서 동시다발적으로 일을 수행하기도 하지만, 때로는 서로 충돌하며 서로를 방해하기도 하는 다양한 영역과 시스템으로 구성되어 있다. 사교 파티에서 감자칩이 담긴 그릇 앞에 서면 뇌의 한 시스템은 당장 그릇째로 먹어버리라고 지시하지만, 동시에 또 다른 시스템이 끼어들면서 머지않아 다가올 해수욕 시즌을 상기시키며 부끄러운 짓을 하지 말라고 지시한다. 이 시스템들은 서로 다른 속도로 발달하는데, 이마 뒤에 자리 잡은 전두엽이 가장 늦게 발달한다. 전두엽은 충동을 억누르고 보상을 지연시키는 역할을 하는데 25~30세가 되어서야 완전히 발달한다. 감자칩을 전부 먹어서는 안 된다고 지시하는 뇌의 이 부분은 유아와 10대 때는 상당히 조용한 편이다. 그 대신 감자칩을 전부 먹어버리라고 충동질하는 부분은 유아와 10대 때 가장 시끄럽게 군다.

이미 앞에서 보았듯이 휴대전화는 인간의 보상 시스템을 활성화하는 환상적인 능력이 있고, 그 능력으로 우리의 관심을 잡아끈다. 충동을 억제하는 뇌의 해당 영역은 단순히 감자칩 그릇 앞에서만 저항하는 것을 돕는 게 아니라 휴대전화를 집어 들고자 하는 유혹에도 맞설 수 있게 도와준다. 그런데 유아와 청소년기에는 이 영역이 덜 발달하여 아이들에게 디지털 기술이 훨씬 더 유혹적으로 다가온다. 그 결과가 무엇인지는 아마 본 적이 있을 것이다. 아이들은 레스토랑, 학교, 버스, 소파에서 휴대전화만 뚫어져라 쳐다보며, 휴대전화를 빼앗기기라도 하면 소리 지르며 울어댄다. 부모와 아이 사이에는 끊임없는 토론과 싸움이 벌어진다.

10대, 도파민이 가장 강렬한 시절

앞에서도 이야기했지만 도파민은 우리에게 다양한 일을 할 수 있도록 동기를 부여한다. 도파민 수치는 실질적으로 뇌의 도파민 시스템의 활성화를 가리키는 것으로, 얼마나 많은 도파민이 분비되는지와 분비된 도파민이 결합할 수 있는 뇌세포 표면의 수용체가 얼마나 많은지를 뜻한다.

도파민 시스템의 활성화 정도는 삶이 계속될수록 감소한다. 10년마다 대략 10%씩 줄어든다고 본다. 그렇다고 해서 해가 지날수록 불행해진다는 뜻은 아니다. 오히려 그 반대다. 나이가 들면서 우리가 경험하는 도파민 상승 폭이 전과 같지 않아지고, 위험을 감수하려는 경향도 줄어든다. 도파민이 가장 활성화되는 시기는 10대로, 이때는 보상을 받으면 도파민이 급격하게 상승하고 실망하면 급격하게 감소한다. 그래서 10대 시절에는 상승과 하강의 폭이 아주 크며, 특히 살아 있다는 느낌과 강렬한 기쁨을 느낄 수 있다. 동시에 애인에게 이별 통보를 받았을 때 느끼는 슬픔도 훨씬 깊고 클 수 있다.

청소년들은 충동 억제 시스템이 완전히 발달하지 않은 데다가 급격하게 도파민 수치가 상승할 수 있다. 그래서 이 두 특성이 결합하여 청소년들은 빈번하게 큰 위험을 짊어지곤 한다. 보험회사에서 18세 오토바이 운전자에게 보험 제공을 꺼리거나 낙하산 동호회에서 15세 회원을 받지 않는 것도 이해할 법하다. 또한 청소년들은 중독에 빠질 위험이 상당히 커서 어린 시기에 술을 마시지 못하도록 제한하는 것이 중요하다. 하지만 휴대전화 사용에는 그다지 걱정하지 않는 모양새다. 휴대전화가 뇌의 보상 시스템을 활성화할 수 있는 가공할 만한 능력이 있는데도 말이다. 서로 다른 연령대의 휴대전화 사용 빈도를 조사한 연구를 짤막하게 요약하자면, 나이가 어릴수록 더 오랫동안 휴대전화를 사용하는 것으로 나타났다. 10대는 성인보다 더 많이 휴대전화를 사용했으며 10대 초반의 사용 빈도가 가장 높았다.

모바일 학습은 어린아이를 위한 게 전혀 아니다

어렸을 때 나는 TV 앞에 못 박힌 듯이 앉아서 〈개미 다섯 마리는 코끼리 네 마리보다 많아요(Fem myror är fler än fyra elefanter)〉*라는 프로그램을 보며 손가락으로 숫자를 세는 연습을 한 적이 있다. 망누스 헤렌스탐(Magnus Härenstam), 브라세 브렌스트룀(Brasse Bränström), 에바 레마에우스(Eva Remaeus)가 진행했던 유명한 유아용 교육 프로그램으로, 내 나이 또래의 많은 이들이 이 프로그램을 보고 셈하는 법과 쓰는 법 등을 배웠다. 게다가 정말이지 재미있었다!

〈개미 다섯 마리는 코끼리 네 마리보다 많아요〉와 같은 프로그램 덕분에 아이들이 숫자와 단어를 익히고 게다가 독해력까지 높아진 것은 분명한 사실이었다. 그러나 여러 연구에 따르면 교육용 TV 프로그램을 통해 유익한 내용을 학습하려면 학교에 입학할 나이 즈음이 되어야 한다. 2세 혹은 3세처럼 너무 어리면 학습 효과가 그리 크지 않았다. 이 나이대의 아이들은 부모나 다른 사람들과 직접 교감하면서 배우는 게 더 많았다.

태블릿이나 휴대전화의 앱 역시 〈개미 다섯 마리는 코끼리 네 마리보다 많아요〉처럼 긍정적인 효과가 있을 거라고 생

---

* 1973~1975년 스웨덴에서 방영한 어린이 TV 시리즈다. 유명한 교육 프로그램으로 글자, 숫자, 위치(왼쪽, 오른쪽, 위, 아래 등) 등을 노래와 그림으로 재미있게 가르쳐주었다.

각할 수도 있다. 물론 이 부분에 대한 연구는 아직 많이 없었지만 지금까지 진행된 연구를 보면 학습 관점에서 봤을 때 교육용 TV 프로그램과 마찬가지로 학교에 입학할 나이에 가까워졌을 때 앱을 이용하는 것이 가장 유익한 것으로 드러났다. 2세 아이의 손에 태블릿을 쥐여주고 이를 '학습 태블릿'이라고 부르는데, 그 이면에는 학습에 도움이 되길 바라는 소망이 들어 있다.

카롤린스카대학병원의 휴고 라게르크란스(Hugo Lagercrantz) 소아과 교수는 오랜 시간을 유아 뇌 발달 연구에 바쳤다. 그런데 그는 태블릿이 아이들의 학습에 도움을 준다는 주장에 비판적이며, 특히 어릴수록 태블릿 사용이 오히려 두뇌 발달을 지연시킬 수 있다고 했다. 그는 많은 사람이 어린아이들에게 디지털 기술이 도움이 될 거라고 생각하지만, 이는 어린아이들을 '작은 어른'이라고 여기는 잘못된 생각 때문이라고 했다. 이를테면 퍼즐 맞추기를 할 때, 성인은 앱으로 하든지 실물을 가지고 하든지 크게 다를 게 없다. 그러나 2세 아이의 경우에는 실제 퍼즐을 가지고 하면 손가락의 움직임을 배울 수 있고 형태와 재질에 대한 느낌도 기억하게 된다. 하지만 아이패드로는 그런 게 불가능하다.

또 다른 예로 쓰기 능력을 들 수 있다. 지금은 다들 키보드

왜 전두엽은 맨 마지막에 발달할까?

뇌는 뒤쪽에서 앞쪽으로 발달한다. 맨 먼저 목덜미 근처부터 시작하여 이마 뒤의 전두엽이 맨 마지막에 발달한다. 그런데 어째서 뇌의 충동을 제어하는 영역인 전두엽은 발달하는 데 그렇게 오랜 시간이 걸릴까? 전두엽은 정말이지 복잡하기 짝이 없는 사회적 상호 작용에 중요한 역할을 하는데, 그게 이유 중의 하나일 것이다. 복잡한 만큼 수십 년에 걸쳐 경험을 축적하고 연습해야 하기에 제대로 자리를 잡으려면 그만큼 긴 시간이 필요하고 당연히 가장 나중에야 발달이 끝날 수밖에 없다. 이런 이유로 전두엽은 유전자보다 주변 환경에 더 많은 영향을 받는다고 보고 있다.

전두엽은 복잡한 사회적 상호 작용을 이해하고 참여하기 위해 훈련을 받아야 하는데, 일부 연구자들은 우리의 현재와 같은 디지털 생활 방식이 전두엽의 발달에 영향을 줄 수 있다고 말한다. 사회생활의 상당 부분을 '면대면'으로 하기보다 디스플레이 앞에서 보낸다면, 전두엽은 사회적 상호 작용과 관련한 훈련을 충분히 받지 못하게 된다. 대부분의 사람들에게는 그다지 큰 영향이 없을 수 있지만, 만약 애초부터 다른 사람들의 생각, 감정, 의도를 판단하는 데 어려움을 겪는다면 사회성 훈련 부족은 상당한 결과를 초래할 수 있다. 이를테면 자폐증으로 진단받은 사람들처럼 말이다.

를 사용하는데, 손으로 쓰면서 공부하고 보기 좋게 잘 쓰려고 노력하는 게 어쩌면 쓸데없는 일이라고 생각할지도 모르겠다. 교실에서 모두 공책을 내던지고 태블릿과 컴퓨터를 사용하면 더 낫지 않은가!

물론 이미 글을 쓸 줄 아는 성인에게는 태블릿이 유용할 수 있다. 그러나 언어를 글로 쓰는 게 능숙하지 못할 때는 펜으로 쓰는 연습을 해야 철자를 익히는 데 도움이 될 수 있다. 유치원 연령대의 아이들을 대상으로 실시한 조사에 따르면, 펜으로 종이에 직접 쓰는 활동은 읽기 능력과 맞닿아 있는 것으로 드러났다.

미국의 한 소아과 의사 단체 역시 휴고 라게르크란스와 의견이 같았다. 소아과 저널인 〈소아과학(Pediatrics)〉을 통해 이들은 놀이 대신 태블릿과 휴대전화에 지나치게 많은 시간을 사용하는 아이들은 나중에 수학이나 이론적인 과목을 학습할 때 필요한 중요한 작업 능력을 배우지 못할 수 있다고 경고했다.

미국소아과학회(AAP, American Academy of Pediatrics)에서도 라게르크란스와 소아과 의사들의 주장을 지지하고 있다. 미국소아과학회도 유아, 특히 18개월 미만의 유아는 태블릿과 휴대전화 접근을 제한해야 한다고 권고한다. '18개월 미만'은 제대로 말도 하지 못하고 일부는 걷지도 못하는데, 이런 권고를 하다니, 말도 안 된다! 그러나 실제로 2세 아동의 80%가 정기적으로 인터넷을 사용한다는 사실을 보면 터무니없는 것은 아니다.

미국소아과학회는 '아이들에게 놀이를 허하라(Let Kids Play)'라는 제목의 기사에서 유아들의 뇌가 충동 제어, 주의 집중 능력 및 사회적 기능을 발달시키려면 놀이가 필요하다고 강조했다. 문제는 아이들이 더는 놀지 않는다는 데 있다. 미국소아과학회는 "우리는 모든 게 일정대로 구조화되어야 하며 놀이는 한물간 케케묵은 것이라고 믿는 시대에 살고 있다"라고 주장하며, 스트레스를 받는 부모들과 아이들의 생활에 놀이를 끼워 넣어야 한다고 권고했다.

점점 퇴화하는 능력, 자제력

우리는 "이 과자를 안 먹으면 여름에 몸매가 좀 낫겠지"라든가 "파티에 가지 말고 집에서 공부하면 더 좋은 직업을 갖겠지" 같은 문제와 씨름한다. 미래에 더 나은 것을 얻기 위해 눈앞의 보상을 거부하는 능력은 매우 중요하다. 왜냐하면 아이들이 이를 얼마나 잘하느냐에 따라서 향후 아이들의 삶이 어떻게 전개될지 예측할 수 있기 때문이다. 4세 아이들에게 마시멜로 하나를 준 다음 먹지 않고 15분을 기다리면 2개를 주겠다고 했을 때, 기다리는 데 성공한 아이들은 수십 년 뒤에 대체로 좀 더 높은 교육 수준과 더 나은 직업을 갖는 것으로 확인되었다.

이 마시멜로 실험의 결과는 어릴 때부터 자제력이 형성되며 앞으로 살아가면서 기회를 포착하는 데도 매우 중요하다는 것을 보여준다. 그러나 보상을 늦추는 능력, 즉 자제력은 타고나는 게 아니라 우리가 어떤 환경에서 사는지에 영향받으며 훈련을 통해서도 기를 수 있다. 그렇다면 우리의 디지털 생활 방식은 자제력에 어떤 영향을 미칠까? 여러 연구 결과에 따르면, 휴대전화를 많이 사용하는 사람은 좀 더 충동적이며 보상을 늦추는 데 어려움을 겪었다. 그렇다면 혹시 충동적인 사람이 휴대전화를 더 많이 사용하는 것은 아닐까?

닭이 먼저인지 달걀이 먼저인지 하는 이 끝나지 않는 질문의 답을 찾기 위해 일부 연구자들이 몇 년 전에 실험을 하나 진행했다. 연구진은 휴대전화를 전혀 사용하지 않는 몇몇 사람들에게 스마트폰을 주고 사용하게 했다. 사실 오늘날 휴대전화가 없는 사람을 찾는 것은 거의 불가능하다. 이 실험은 휴대전화를 사용한 이후 보상을 지연시키는 능력에 영향이 있는지를 살피는 게 목적이었다. 휴대전화를 사용하고 3개월 후 일련의 테스트를 진행한 결과, 실제로 피실험자들은 보상을 지연시키는 데 어려움을 겪었다.

보상을 지연시키는 능력이 떨어지면 능숙해지는 데 시간이 필요한 일을 배우지 못할 수도 있다. 이러한 전조 중 하나가 클래식 악기를 배우는 학생 수가 급감한 것을 꼽을 수 있다. 한 음악 교사에게 원인이 무엇인지 물어보자, 아이들이 즉각적인 보상에 너무 익숙하여 잘 못할 경우 금세 포기해버린다는 것이다.

학습 능력을 떨어뜨리는 휴대전화

나는 전작인 『뇌는 달리고 싶다(Hjärnstark)』가 출간되고 1~2주 뒤에 한 고등학교 교장에게 강연을 부탁하는 메일을 받았다. 학교 강당에서 강의를 하게 됐는데 학생들 절반 가까이가 이따금 자기 휴대전화를 봤고, 상심한 나는 '강연이 지루하구나'라고 결론을 내렸다. 그러나 교장은 "전혀 아닙니다. 오히려 그 반대예요. 아이들이 그렇게 관심을 보인 게 진짜 오랜만이었습니다"라고 고무적으로 말했다. 내가 "절반이 휴대전화를 보던데요?"라고 묻자, "네, 물론 그랬죠. 그러니 평소에 교실에서는 어떨지 상상이 가실 겁니다. 애들이 모두 휴대전화를 보고 있어서 교사들이 수업에 집중시키는 데 상당한 어려움을 겪고 있습니다. 전에 근무했던 초등학교에서는 쉬는 시간에 밖에 나가서 노는 아이들이 한 명도 없었다니까요. 앉아서 휴대전화만 보느라고 말이죠"라고 대답했다.

집으로 돌아오는 길에 나는 수업 시간에도 휴대전화를 붙들고 있다는 교장의 말을 곱씹어 보았다. 과거 우리 역사 선생님이었다면 학교에 게임보이를 들고 오는 것을 용납하지 않았을 텐데! 우리 수학 선생님도 내가 학교에서 휴대용 TV로 영화를 봤다면 가만두지 않았을 것이다. 그리고 만일 과거에 우리 선생님들이 애들이야 어떻게 되든 상관없이 게임보이나 휴대용 TV를 가져와도 된다고 했다면, 과연 내가 뭔가를 제대로 배울 수나 있었을까?

오늘날 많은 학교에서 수업 시간에 휴대전화 사용을 원칙적으로 금지하고 있다. 나는 개인적으로 당연한 조치라고 생각하지만 아직 논란의 여지가 남아 있는 문제다. 그렇다면 연구자들은 학교에 휴대전화를 가져왔을 때 아이들에게 미치는 영향에 대해 뭐라고 말할까? 우선, 교실에 휴대전화를 가져가지 않으면 아이들은 수업 내용을 더 많이 적었다. 미국의 연구자들이 조사해본 결과, 수업 시간에 휴대전화를 가져가지 않은 아이들이 필기를 더 많이, 훨씬 더 많이 했다고 한다. 그뿐만 아니라 이 아이들이 수업 내용도 더 많이 기억했다. 나중에 수업에서 배운 내용을 질문했을 때 휴대전화를 가지고 있던 아이들보다 그렇지 않은 아이들이 훨씬 더 많이 기억해냈다.

심지어 읽을 때도 종이를 사용하는 게 더 중요할지도 모르겠다. 노르웨이에서 중학교 학생들을 대상으로 연구를 진행했는데, 절반은 종이책으로 읽고 나머지 절반은 이북 리더기로 소설을 읽도록 지시했다. 결과에 따르면 종이로 소설을 읽은 학생들이 내용을 더 잘 기억했다. 모두가 같은 내용을 읽었는데도 말이다. 특히 종이책으로 읽은 학생들은 서사의 진행 순서를 더 잘 기억했다. 한 가지 가능한 설명은, 우리의 뇌가 이메일, 문자, 상태 업데이트 등을 통해 디지털 기기에서 끊임없이 보상을 받는 데 익숙하여 글의 내용에 온전히 집중하지 못한다는 것이다. 뇌는 책을 읽기 위해 글에 집중하기보다 휴대전화를 무시하는 데 더 많은 신경을 쏟아야 하고, 그 결과 학습 능력이 떨어지게 되는 것이다.

교실에서 휴대전화를 없애면 무슨 일이 일어날까?

손으로 직접 쓰는 것이 학습에 도움이 된다면, 당연히 교실 밖에 휴대전화를 두고 와야 할 것이다. 그러나 하나의 연구 결과를 근거로 삼을 수는 없고 여러 연구 결과를 살펴봐야 한다. 한 연구진이 휴대전화가 학습에 미치는 영향에 대한 100여 건의 개별 연구를 살펴본 다음, 그 결과들을 정리하여 "휴대전화로 멀티태스킹을 할 경우, 다양한 메커니즘을 통해 학습이 방해를 받는다"라는 약간은 모호한 결론을 내놨다. 이 연구진이 낸 결론에 따르면, 휴대전화가 유아와 성인 모두의 학습을 방해할 수 있으며 동시에 몇몇 사람들은 다른 사람들보다 더 큰 영향을 받을 수 있다고 조심스럽게 지적했다.

100여 건의 연구에서 휴대전화가 학습을 방해한다는 결과가 나온 것만 과반이 넘지만, 이런 연구들이 어딘가 추상적이고 인위적으로 느껴질 수 있다. 왜냐하면 유아나 성인이 어떻게 학습하는지 이해하려고 그룹을 둘로 나눠서 진행한 심리학적 실험들이 현실과 거리가 멀다고 느낄 수 있기 때문이다. 그럼, 교실에서 휴대전화를 없앤다면 정말 무슨 일이 벌어질까?

영국의 런던, 맨체스터, 버밍엄, 레스터의 일부 학교들은 휴대전화를 금지하고 있다. 학생들은 아침에 휴대전화를 제출하고 집에 갈 때 돌려받는데, 그 결과 학습 능력이 향상되었다. 조사를 진행한 연구자들은 휴대전화 금지 조치 덕분에 중학교 3학년 학생들이 두 학기 동안 총 일주일 치에 해당하는 분량을 더 배울 수 있었다고 한다! 교과 과정을 따라가는 데 어려움을 겪던 학생들의 성적도 향상되었다. 학교에서 휴대전화를 금지하는 조치가 학생 간의 교육 격차를 줄일 수 있는 저렴한 방법이었던 셈이다.

이 결과는 특정 학생들, 특히 성적이 우수한 학생들이 휴대전화로 충분히 혜택을 받고 있었거나, 적어도 부정적인 영향은 받지 않았다는 것을 보여준다. 그리고 다른 학생들은 휴대전화 때문에 주의가 분산되었다는 것을 의미한다. 앞서 언급한 조사 결과를 종합해봤을 때, 휴대전화가 미치는 영향이 학생마다 다르다는 것은 맞는 말이다. 8~11세 아동 4,000여 명을 대상으로 기억력, 집중력, 언어 능력을 조사한 결과, 하루에 디지털 기기 사용 시간이 2시간 미만인 아동들이 가장 우수한 성적을 거두었다. 그러나 휴대전화 외에도 영향을 미친 요인이 있었는데, 밤에 9~11시간은 잔 아이들의 성적이 더 좋았을 뿐만 아니라 신체적으로도 활발했다.

디스플레이 사용 제한으로 정확히 어떤 효과를 거두었는

지, 충분히 잠을 자거나 신체 활동이 활발한 것이 얼마나 영향을 미쳤는지는 판단할 수 없다. 심지어 수면 장애나 가만히 앉아 있는 식으로 신체 활동량이 적은 것은 휴대전화의 간접적인 영향일 수도 있다. 휴대전화는 우리가 덜 자고 더 가만히 앉아 있게 만드니 말이다. 연구자들의 결론은 간단했다. 아이들이 최대한의 역량을 발휘하려면 하루에 최소 1시간은 몸을 움직여야 하고, 9~11시간을 자야 하며, 휴대전화 사용은 하루에 최대 2시간으로 제한해야 한다. 수면 시간, 활동량, 디스플레이 제한에 대한 이러한 권고 사항은 따르는 게 불가능해 보이지는 않는다. 그러나 얼마나 많은 아이들이 실제로 이렇게 생활하고 있을까? 단 5%뿐이다.

점점 더 잠을 못 자는 청소년들

앞서 보았듯이 우리는 점점 더 잠을 못 자고 있으며, 특히 젊은 층에서 이러한 현상이 두드러지고 있다. 10대가 수면에 어려움을 겪는다는 얘기는 전혀 새롭지 않다. 10대는 생체 리듬에 변화가 일어나는 시기다. 부쩍 '올빼미형' 인간이 되고 아침에 일어나기 힘들어한다. 동시에 10대 때는 9~10시간의 수면이 필요하다. 성인보다 훨씬 긴 시간이다. 필요한 수면 시간이 상당히 길고 생체 리듬에도 변화가 생기면서 아침에 일어나기 힘들어지는 것이다. 이러한 이유로 몇몇 연구자들은 고등학교 학생들의 생물학적 생체 리듬에 맞춰서 학교 시작 시간을 늦춰야 한다고 제안하기도 했다.

10대는 언제나 어느 정도 잠을 제대로 못 자기는 했지만, 최근 10년 동안 수면 문제가 더욱 악화되었다. 수면 장애로 진단받은 15~24세 인구 비율은 2007년 이후 500% 증가했다. 상상을 초월하는 수준이다. 수면 장애는 2007년 이전에도 분명히 증가하고 있었지만, 훨씬 더딘 속도로 증가 폭이 크지 않았다. 그러나 2007년을 기점으로 수면 장애를 호소하는 인구 비율이 급격하게 증가했고, 2011년에 그 증가 폭이 더욱 커졌다. 우울감으로 도움을 청한 인구 비율의 변화와 패턴이 동일했다. 2011년에 무슨 일이 있었는지는 아마 알 것이다. 당시 모바일 인터넷은 대대적인 성공을 거두었고, 아이폰은 일부만 살 수 있던 사치품에서 유아와 청소년까지 포함하여 모든 사람의 주머니에 자리를 잡았다.

청소년의 수면 시간은 성인들보다도 훨씬 빠른 속도로 줄어들고 있다. 20개국에서 아동 70만 명의 수면 습관을 조사한 결과, 10년 전보다 수면 시간이 짧아진 것으로 확인되었다. 동시에 청소년들에게 수면이 얼마나 중요한지에 대한 새로운 연구 조사 보고서가 쏟아져 나오고 있다는 사실을 고려하면, 아이러니한 일이다. 그럼, 청소년들의 수면 시간은 얼마나 짧아졌을까? 무려 1시간이다! 다시 말하자면 매일같이 3,000번이나 휴대전화를 쓸어 넘기는 10대의 스트레스로 가득 찬 생활이 저녁에도 쉬지 않고 계속되고 있으며, 많은 청소년의 수면 장애에 일조하고 있다고 할 수 있다.

불평처럼 들릴지도 모르겠는데, 수면 부족의 원인이 정말 휴대전화일까? 노르웨이에서 10대 청소년 1만 명을 대상으로 얼마나 자는 게 좋을 것 같은지와 실제로 얼마나 자는지를 조사했다. 더 나아가 태블릿, 휴대전화, 컴퓨터를 얼마나 사용하며 TV를 얼마나 시청하는지도 조사했다. 결과는 성인과 정확히 똑같은 패턴을 보였다. 디스플레이 앞에서 보내는 시간이 길수록 수면 장애를 겪을 확률이 높아지는데, 결국 휴대전화가 청소년의 수면 부족에 일조하고 있다는 이야기다.

영국에서는 11~18세 사이의 모든 유아 및 청소년의 절반이 한밤중에도 휴대전화를 몇 번씩 들여다본다고 대답했다. 10명 중 1명은 최소 열 번(!)은 본다고 답했다. 그리고 이들은 한밤중에 휴대전화를 보는 행동이 미치는 영향에 대해서도 알고 있었다. 70%가량이 그런 행동이 학업에 영향을 줄 수 있다고 답한 것이다. 수면 장애의 증가는 특히 여자아이들에게서 두드러졌는데, 여자아이들이 남자아이들보다 SNS에 들이는 시간이 많다는 게 이유 중 하나인 것 같다. 이는 상당히 연관성이 있다. 여자아이들은 SNS의 피드를 놓치지 않기 위해서 항상 접속 상태를 유지하려고 한다. 그리고 끊임없는 SNS의 도파민 주사에 넘어가 항상 온라인 상태에서 다른 사람과 비교하고 스트레스를 받고, 결국 잠을 자지 못하는 것이다.

휴대전화를 오래 볼수록 불행해지는 사람들

정신 건강 전문의와 상담을 하거나 향정신성의약품을 투약하는 10~17세 비율이 지난 10년 동안 100% 증가했다고 한다. 나는 이런 글을 읽을 때마다 '내가 지금 10대가 아니어서 얼마나 다행이야'라는 이기적인 생각이 든다. 지난 10년 동안 불안과 우울감이 가장 큰 폭으로 증가했고 특히 젊은 여성들의 비율이 가장 높은 것으로 나타났다. 스톡홀름에는 13~24세 사이의 젊은 여성 10명 중 1명 이상이 정기적으로 정신 건강 전문의에게 상담을 받고 있다. 이 수치에는 일반 가정의와 개인 정신 건강 전문의는 포함되어 있지 않다. 그런데 이는 스웨덴만의 현상이 아니다. 청소년의 정신 건강 문제는 전 세계에서 폭발적으로 증가하고 있고, 미국에서는 지난 7년 동안 우울증으로 진단받은 10대 비율이 60% 증가했다.

미국에서는 1990년대 말부터 매년 대규모 그룹을 대상으로 미국 10대들의 생활 방식 추적 조사가 이루어지고 있다. 낮에 무엇을 하는지 묻는 방식으로 친구들을 만나는지, 데이트하는지, 술을 마시는지, 각종 디스플레이 앞에 앉아 있는지, 공부하는지 혹은 운동을 하는지를 조사한다. 10대의 삶에서 벌어질 수 있는 상상이 가능한 내용은 모두 질문지에 들어 있다. 질문들은 또한 기분이 어떤지도 물어보는데, 슬픔 혹은 불안을 느끼는지, 잠은 어떻게 자는지 등을 묻는다.

이러한 조사 결과는 해석에 어려움이 있지만, 그래도 최근 몇 년 동안 하나의 패턴이 뚜렷하게 드러나고 있다. 10대가 디스플레이 앞에서 보내는 시간이 많을수록 우울감 등의 문제가 더욱 커진 것이다. 각종 디스플레이 앞에서 일주일에 10시간 이상 시간을 보내는 그룹은 자신이 불행하다고 느꼈다. 그 뒤를 6~9시간 사용한 그룹이 이었다. 이들은 4~5시간을 보내는 그룹과 비교해서 더 불행하다고 느꼈다. 이런 식으로 시간에 따라 단계적으로 이어졌고, SNS와 인터넷 서핑, 유튜브 동영상, 컴퓨터 게임 등의 스크린 타임(screen time)*이 모두 기분

저하와 관련이 있었다. 그 반면에 다른 사람들과 어울리거나 스포츠를 즐기거나 악기를 연주하는 등 다른 활동을 하는 경우 기분 개선에 효과가 있었다.

이러한 패턴은 여러 연구 조사에서 발견되었다. 아동과 청소년 총 12만 5,000명을 대상으로 한 60개의 연구 조사 결과를 종합해보니, 스크린 타임이 하루에 2시간을 초과할 경우 우울증에 걸릴 위험이 증가했다. 스크린 타임이 길어질수록 위험성도 더 커졌다. 아동과 청소년 4만 명을 대상으로 연구 조사한 결과, 하루에 7시간 이상 디스플레이를 사용한 사람들이 스크린 타임을 조절한 그룹보다 우울증과 불안 장애에서 2배 높게 나타났다.

하루에 7시간이면 상상을 초월할 정도로 긴 시간이다. 자는 시간, 이동 시간, 학교에서 보내는 시간, 먹는 시간을 제외하면 24시간 중에 기껏해야 8~9시간이 남는다. 10대 중 얼마나 높은 비율이 이 남은 시간을 죄다 휴대전화를 사용하는 데 쓰고 있을까? 20%가 그랬다. 이제는 놀랍지도 않다. 말하자면 10대 5명 중 1명이 깨어 있는 동안 여유 시간을 전부 디스플레

＊ 스마트폰 등을 포함해서 영상을 보는 데 사용되는 시간을 말한다.

이 앞에서 보내고 있는 셈이다!

　연구자들에 따르면, 이는 유럽과 미국만의 현상은 아니다. 중국에서는 아동과 청소년 13만 명을 대상으로 같은 내용의 연구 조사를 진행했는데, 디스플레이 앞에서 보내는 시간이 길수록 우울증에 걸릴 위험이 크다는 사실을 발견했다. 특히 하루에 2시간 이상 디스플레이를 사용한 집단에서 발병률이 가장 높았다. 또한 스크린 타임을 제한하면 기분 개선에 도움이 된다는 연구들도 있다. 하루에 1시간 정도로 사용 시간을 줄였을 때 얘기로, 오늘날 청소년들이 하루에 3~4시간을 사용한다는 점을 고려하면 상당한 괴리가 있다.

청소년 우울증의 폭발적 증가

휴대전화를 청소년의 불안과 우울증의 원인으로 꼽을 수 있을까? 반드시 그렇지는 않지만 슬픔이나 불안을 느끼는 청소년들이 디스플레이 앞에서 더 많은 시간을 보내는 것은 맞다. 다시 닭이 먼저인지 달걀이 먼저인지 하는 문제다! 이 부분을 명확하게 밝히고자 몇몇 연구자들은 휴대전화 사용 습관이 시간이 갈수록 우울증과 불안 장애를 겪을 위험에 어떤 영향을 미치는지 살펴보고자 했다. 연구자들은 4,000명의 청소년을 대상으로 1년의 시차를 두고 두 번 설문 조사를 실시했다. 응답을 살펴보면 첫 번째 질문을 던졌을 시점을 기준으로 휴대전화를 많이 사용하던 사람들이 이후 1년 동안 수면 장애, 우울증, 스트레스를 겪을 위험성이 더 높았다. 이 조사 결과는 휴대전화가 우울증과 수면 장애를 촉발한다는 주장에 힘을 실어준다. 그뿐만 아니라 슬픔이나 스트레스를 느끼거나 잠을 잘 자지 못하는 사람들이 휴대전화를 더 많이 사용하기도 했다.

조사 결과는 또한 디스플레이 사용 빈도가 유아보다는 10대들의 정신 건강 악화와 긴밀하게 연관되어 있다는 사실을 보여주었다. 10대들은 SNS를 사용하는 반면, 유아들은 게임을 하거나 동영상을 보기 때문일 수도 있다. 앞서 살펴봤듯이 우리는 SNS에 더 큰 영향을 받는다. 다른 사람과 끊임없이 비교하면서 스트레스를 받고 결국 몇몇 사람들은 우울감을 느끼게 되기 때문이다.

'닭이냐 달걀이냐'의 문제를 해결해줄 또 다른 실마리는 이러한 종류의 측정이 장기간에 걸쳐 어떤 식으로 전개되는지를 살펴보는 것이다. 10대들의 행동을 연구한 진 트웬지 심리학 교수는 2012년 즈음에 눈에 띄는 변화가 일어났다는 사실을 발견했다. 트웬지 교수는 1930년대 이후의 자료를 조사해 왔는데 전례 없을 정도로 극적인 현상이라고 평했다.

2011년부터 미국 청소년들은 더 외로움을 타고 잠을 제대로 못 자기 시작했다. 예전처럼 친구들을 만나지도 않았고, 데이트도 하지 않았으며, 술은 덜 마시고, 운전면허를 취득하는 데도 관심이 없었다. 같은 해 아이폰은 고가 제품에서 연간 1억 2,000만 대가 팔려나가는 대중적인 상품으로 자리 잡았다. 2011년 한 해 동안 판매된 아이폰 수량이 2007~2011년 동안의 판매량에 맞먹었다. 모바일 인터넷의 보급률이 대폭 상승했으며 갑작스럽게 대부분의 청소년들이 스마트폰을 손에 넣게 되었다.

앞서 이야기한 연구 조사 결과들을 생각해보면, 많은 청소년이 우울감 등을 겪는 원인이 휴대전화가 아닌가 하고 의심할 만하다. 그러나 처음에 나는 이 연구 조사 결과들을 읽었을 때 지나친 기우가 아닐까 생각했다. 어쩌면 예전에 우리 부모 세대가 비디오 영화나 하드록에 질겁하는 것을 보고 내가 느꼈던 도덕적 공황과 다를 게 없을지도 몰랐다. 어쩌면 이 모든 게 휴대전화와는 아무런 관련이 없을지도 모른다고 생각했다. 모든 것은 사회 변화 때문이고, 그중에서도 특히 노동 시장에 진입하는 데 필요한 요건이 강화된 탓이라고 말이다. 그

인스타 브레인

스트레스는 청소년들 스스로 학교에서 자신을 더욱 가혹하게 몰아붙였고, 그럴수록 더 외로움을 느끼고 기분이 더 가라앉게 된 것은 아닐까 하는 생각이 들었다.

나는 이 주장을 좀 더 자세히 살펴보기 시작했다. 대부분의 연구 조사 결과에 따르면, 오늘날 10대는 1980년대에 비해 과제에 시간을 덜 할애하고 있었고 학업에 시간을 더 많이 쏟는 아이들이 그렇지 않은 아이들보다 기분이 더 좋았다. 어쩌면 학교에서 부차적인 목표를 수정하고 학업 비중도 줄여서 특정 국가에서 청소년들의 기분에 영향을 미쳤을 수도 있다. 그러나 전 세계의 학교 시스템이 같은 방식으로 동시에 바뀌었을 리는 없는데, 대부분의 국가에서 청소년들의 정신 건강이 악화되었고 계속 증가하고 있었다.

그렇지만 이 모든 게 2008년 금융 위기 이후로 노동 시장의 여건이 안 좋아지면서 구직이 어려워지자, 청소년들의 불안과 우울감이 증가한 것은 아닐까? 물론 이것도 한몫했을 것이다. 그러나 노동 시장과 경제는 청소년의 심리 상태가 급격하게 변화하기 훨씬 전에도 유사하게 요동친 적이 있다. 게다가 정신 건강 전문의의 도움을 찾는 청소년의 비율은 부유하거나 가난하거나 상관없이 모든 청소년 집단에서 증가하고 있다. 증가세는 전 연령층에 걸쳐 나타나고 있다. 일례로 정신건강의학과를 찾은 12~14세 비율이 급격하게 증가했고, 이 연령층은 사람들이 가장 걱정하는 노동 시장에 뛰어들 확률도 일반적으로 낮다.

한편 예전에는 심리적인 문제를 쉬쉬했다면 이제는 터놓고 말할 수 있는 사회 분위기 때문이 아닐까도 생각해봤다. 이런 이유로 도움을 찾는 사람의 비율이 증가한 것은 아닐까? 물론 그럴 수도 있다. 하지만 그렇다면 어째서 청소년층에서 유독 증가세가 두드러질까? 지난 수년 동안 점차 사람들이 용기를 내서 심리적인 문제를 말하고 도움을 청하고 있다. 게다가 흔히 설문 조사에서 진실과 다른 응답이 문제시되기도 하지만, 익명으로 설문에 응하는데 자신들의 기분 상태가 나쁘다고 거짓으로 적을 이유가 없다.

인류 역사상 가장 강력한 변화, 모바일 인터넷

2010~2016년 동안 정신 건강 문제로 도움을 청하는 청소년의 수가 더욱 증가했다. 그리고 이 시기에 청소년의 삶에서 벌어진 가장 큰 변화는 그동안 없었던 모바일 인터넷을 하루 평균 4시간이나 사용한다는 사실이다. 현대에 들어와서 청소년

과 일부 성인들의 행동에서 이렇게나 광범위하고 빠른 속도로 변화가 일어난 적은 없었다. 어쩌면 인류 역사상 이랬던 적이 단 한 번도 없을 것이다.

앞서 읽었듯이 과도한 휴대전화 사용이 청소년의 정신 건강을 해칠 수 있다는 잠재적인 메커니즘은 다양하다. 일부는 기분을 나쁘게 만드는 스트레스를 유발하고, 또 다른 일부는 사용자를 우울하게 만들 위험이 있다. 다른 사람과 자신을 끊임없이 비교하고 페이스북의 '좋아요'와 인스타그램의 '하트'로 또래 수백 명에게 일거수일투족을 비판적으로 평가받게 되면, 마치 위계질서의 최하단에 위치하는 것처럼 느끼게 된다.

무엇보다도 휴대전화를 지나치게 많이 사용하면, 청소년들이 자신의 정신 건강을 지켜줄 수 있는 다른 행동을 할 시간을 빼앗기게 되며 결국은 기분 저하로 이어지게 된다. 유아와 청소년이 매일 디스플레이 앞에서 4시간을 소비할 경우, 놀거나 '진짜' 사회적 접촉을 할 시간이 부족해진다. 또한 신체 활동을 하거나 충분히 수면을 취할 시간도 부족해지기 마련이다. 대부분의 사람들에게는 그다지 큰일이 아닐지도 모르지만, 정신 건강에 문제가 생기기 쉽고 휴대전화와 SNS를 지나치게 사용하는 사람들에게는 결정적인 한 방이 될 수도 있다.

휴대전화 없이 살 수 있을까?

어떤 대상이 미치는 영향을 측정하고 싶다면, 해당 물건을 제거했을 때 어떤 일이 벌어지는지를 관찰하면 된다. 그러나 휴대전화의 경우에는 이러한 방식의 연구 조사를 수행하기가 어렵다. 연구자들이 휴대전화가 미치는 영향을 알아보기 위해 10개국에서 1,000명의 학생을 모집했지만 결국 절반 이상이 실험 참가를 포기했다. 포기 이유로 하나같이 '휴대전화를 자제하기 힘들어서'라고 답했다.

비록 포기자가 많았지만 24시간 동안 휴대전화 없이 생활해보겠다고 한 참가자들을 대상으로 자신들의 경험을 서술해보게 했다. 칠레 학생은 거의 트라우마가 생길 정도로 정신적으로 너무 힘들었다고 했고, 영국 학생은 휴대전화 없이 사는 것에 대체로 성공했다는 사실에 놀라워했으며, 중국 학생은 '미디어 없이 내 감정을 표현할 수가 없다'고 서술했다. 그러나 모든 경험 내용이 암울하지는 않았다. 한 학생은 "주변 환경에 평소보다 잘 융화되었다"고 적었으며 또 다른 학생은 "함께 지내는 사람들과 같이 보낸 시간 중에 손에 꼽히게 좋은 날이었다"고 했다.

많은 10대들이 자신이 휴대전화 사용에 대한 통제력을 상실했다고 생각한다. 덴마크에서 일부 고등학교 학생들을 대상으로 조사한 결과, 절반 가까이가 휴대전화를 지나치게 많이 사용하고 있다고 답했다. 미국에서도 청소년의 50%가량이 휴대전화에 의존하고 있다고 답해 비슷한 양상을 보였다. 특히 여자아이들의 비중은 60%에 육박할 정도로 높았다. 여러 건의 연구 결과에서 잇달아 밝혀졌듯이 여자아이들은 수면, 기분, 휴대전화 의존증에서 더 큰 문제를 겪고 있다. 그러나 미국 청소년들이 말했듯이 휴대전화의 과도한 사용을 '의존증'으로 표현할 수 있을까? 어쩌면 미국 청소년들이 좀 강한 어휘를 선택해 표현했을지도 모른다.

'의존증'은 유해하다는 것을 알면서도 멈추지 못하고 반복하는 행위를 말한다. 이게 무슨 의미인지 좀 더 자세히 살펴보겠다. 10대와 성인 모두 하루 중 깨어 있는 시간 동안 휴대전화를 10분에 한 번씩 집어 든다는 점에서 '반복'은 부정할 수 없이 성립한다. 수면 장애나 집중력 저하를 겪을 수 있으며 종종 나중에 쓸데없다고 생각할 행동을 하루에 2~3시간 한다는 것은 '유해하다'고 볼 수 있을까? 그 시간에 공부하거나 친구를 만나거나 스포츠를 즐기거나 책을 읽거나 아니면 악기를 연주할 수 있으니 말이다. 당연한 말이지만 간단한 대답은 없다.

휴대전화 사용을 유해하다고 볼 수 있을지, 직접 한번 생각해보자. 유해하다고 결론을 내린다면 의존증이라고 부를 수 있을 것이다.

내 생각에도 휴대전화 의존증이라고 표현할 수 있지 않을까 싶다. 그렇다고 미국의 한 의사가 칼럼에서 주장했듯이, 휴대전화가 '헤로인'이라거나 아이들에게 '정신적인 학대'를 가하고 있다는 의미는 아니다. 이런 식의 폭력적인 과장은 오히려 휴대전화의 의존성 촉발의 문제점을 희석하는 위험이 있다. 당연한 말이지만 헤로인이 아니더라도 중독성이 있는 물건들이 있다. 기술과학 전문지인 〈와이어드(Wired)〉의 전 편집장 크리스 앤더슨(Chris Anderson)은 휴대전화를 마약에 비유하는 데 거리낌이 없는 사람이다. 그는 "사탕과 마약을 놓고 따지자면 디스플레이는 마약에 더 가깝다"라고 말했다.

집중력을 높여주는 컴퓨터 게임은 어떨까?

스크린 타임은 상당히 광범위한 개념이다. 스카이프로 친척들과 얘기하거나 위키피디아에서 리포트에 사용할 자료를 찾을 때, 혹은 캔디크러쉬사가(Candy Crush Saga)를 플레이하거나 페이스북을 쓸어 넘길 때를 통틀어 지칭한다. 청소년과 성인들이 디지털 기술을 활용하여 지식과 기술을 습득하는 멋진 사례가 많다. 예를 들어 우리는 컴퓨터 게임을 통해 공간 지각 능력을 강화하고 문제 해결 능력을 훈련할 수 있다. 예비 조종사와 외과 전문의는 최첨단 시뮬레이션 프로그램을 활용하여 조종석이나 수술실에서 위급한 상황을 시뮬레이션할 수 있다. 이러한 훌륭한 사례는 유아들에게서도 찾아볼 수 있다.

카롤린스카대학병원의 토르켈 클링베리(Torkel Klingberg) 교수는 유아와 성인 모두 컴퓨터 게임을 통해 작업 기억을 훈련할 수 있다는 사실을 밝혀냈다. 이 방법을 통해 집중력을 강화하고 더 나아가 ADHD 증상을 완화시킬 수 있다. 자폐증을 연구한 사이먼 배런코언(Simon Baron-Cohen)은 자동차와 기차에 사람 얼굴을 합성한 영상을 통해 자폐증을 앓는 아이가 다른 사람들의 감정을 이해하도록 도움을 주는 프로그램을 개발했다. 이러한 종류의 사물에 아이들이 관심을 보인다는 사실을 이용하여 표정을 해석하는 연습을 제공하는 프로그램이다.

앞에서 인류에게는 새로운 것을 발견하고 학습하려는 충동이 있다고 설명했다. 이 충동은 무척 강해서 이따금 '보상 추구'인지 '정보 추구'인지 구분이 어렵다. 이 충동은 디지털 기기를 보조 도구로 활용하여 수학부터 언어, 역사, 자연과학에 이르기까지 모든 것을 학습할 수 있도록 도와준다. 다시 말해 '디스플레이'가 붙은 모든 것에 경고음을 울릴 필요는 없다는 뜻이다. 동시에 스스로 사용을 통제할 수 있다고 믿는 것은 순진한 생각이다. 7세 아이의 손에 휴대전화를 쥐여주고 알아서 잘 사용하기를 기대하는 것은 비현실적인 발상이다. 마치 책상에 사탕 봉지 하나와 여러 권의 만화책을 올려놓은 다음, 정말로 먹고 싶을 때 사탕 하나만 먹고 집중을 위해서 약간의 휴식이 필요할 때만 만화책을 읽으라고 하는 것과 같다. 물론 몇몇 아이들은 가능하겠지만 대부분은 어려움을 겪을 것이다.

8장

변화를 원한다면,
몸부터 움직여라

"운동을 하면 왜 더 집중하게 될까?"

———

뇌는 움직임을 위해 체계화되어 있습니다.
만일 이 사실을 이해하지 못한다면
우리는 상당히 많은 것을 놓치게 될 겁니다.
_마이클 가자니가(Michael Gazzaniga), 캘리포니아대학교 신경학과 교수

INSTA
BRAIN

몸을 쓸 때 정신은 더 잘 작동한다

퇴근하고 집에 왔을 때 저는 완전히 지쳐 있었습니다. 온몸이 소파에 파묻히고 싶다고 소리 지르고 있었죠. 그렇지만 저는 휴식을 취하는 가장 좋은 방법이 러닝화를 죄어 매고 밖에 나가서 뛰는 것이라는 사실을 알고 있었습니다. 달리기를 마치고 돌아왔을 때 스트레스는 사라져 있었습니다. 저는 기분이 더 좋았고, 더 침착했으며, 더 집중할 수 있었죠. 이 사실을 좀 더 어렸을 때 알았으면 좋았을 걸 그랬어요.

46세의 부동산 개발업자가 신체 활동을 통해 어떻게 스트레스와 불안을 다스리는지 말해준 내용이다. 나는 이 사람과 유사한 이야기를 수백 건은 알고 있다. 병원 대기실에서, 길거리에서, 편지와 메일로 사람들은 신체 활동이 자신들의 행복에 어떤 긍정적인 영향을 미쳤는지 이야기해주었다. 그러나 신체 활동이 기분에 어떤 영향을 미치는가에 대한 연구는 아직 시작에 불과하다. 대체로 모든 정신 능력은 몸을 움직이면 더 잘 작동한다. 우리는 더 집중할 수 있으며 기억을 더 잘하고 스트레스를 더 잘 견뎌낼 수 있다.

많은 사람이 스트레스를 받고, 집중을 잘하지 못하며, 어마어마한 디지털 정보의 홍수에 휩쓸리고 있다. 이러한 시대에는 신체 활동이 현명한 대책, 어쩌면 최고의 대책일지도 모른다.

정보 쓰나미

매일 250경 바이트에 해당하는 데이터가 생성된다. 100경은 10억이 수억 개 있어야 한다! 이렇게 큰 수를 이해하는 것은 불가능하지만 1분마다 1억 8,700만 건의 메일과 3,800만 건의 문자 메시지가 발송된다고 하면 조금 더 구체적으로 다가

올 것이다. 유튜브에는 1분마다 400시간 분량의 영상이 업로드된다. 구글에서는 검색 건수만 370만 건에 달하며 트위터에서는 50만 건의 트윗이 작성된다. 같은 시간 동안 틴더*에서는 100만 장의 사진이 오른쪽으로든 왼쪽으로든 스와이프** 된다. 이 속도는 매일같이 점점 더 빨라지고 있다. 그러나 범람하는 디지털 정보를 처리해야 하는 뇌는 1만 년 전이나 지금이나 똑같다.

정보의 홍수를 처리하려면 충동을 억제해야만 한다. 매분 휴대전화를 집어 들고 싶은 충동과 방금 읽은 기사에서 다른 사이트로 이어지는 링크를 클릭하려는 충동 모두를 억제해야 한다. 스트룹 검사(Stroop test)라는 충동 억제력을 측정하는 심리검사가 있다. 검사에서는 색상을 가리키는 단어를 보여주는데, 이때 단어는 해당 단어의 색상이 아니라 다른 색으로 쓰여 있다. 이를테면 '노란색'이라는 단어가 붉은색으로 쓰여 있는 식이다. 검사는 '붉은색'이라는 글자의 색상을 최대한 빨리 맞히고 단어가 지칭하는 색, 즉 '노란색'을 말하지 않으면 된다.

---

　* 미국의 온라인 데이팅 앱으로, 위치 기반 연인 및 친구 찾기 서비스다.
　** 터치 스크린에 손가락을 댄 상태로 화면을 쓸어 넘기는 일.

시시하다고 생각할 수도 있지만, 시간제한이 있어 상당히 힘들다(인터넷에서 스트룹 검사를 검색해서 직접 한번 해보는 것도 좋다). 검사 자체는 간단하지만 결과는 여러 충동을 억제할 수 있는 능력이 어느 정도나 되는지를 명료하게 보여준다.

스트룹 검사를 하기 전에 성인 피실험자가 20분 동안 신체 활동을 한 경우, 검사 결과는 훨씬 더 좋았으며 충동에 맞서는 것도 더 쉬운 것으로 밝혀졌다. 이따금 산책 혹은 조깅만 하더라도 효과를 느낄 수 있다. 그러나 가장 좋은 방법은 수개월에 걸쳐 규칙적으로 신체 활동을 하는 것이다. 심지어 유아도 몸을 움직이면 충동을 억제하는 게 더 쉬워진다. 스웨덴에서는 여러 학교에서 이 연구 결과를 응용하여 긍정적인 효과를 보기 시작했다. 조금씩 다르기는 하지만 대개 학교에서는 수업 시작 전에 아이들에게 15~20분 동안 신체 활동을 하게 한다. 정규 수업 시간을 빼앗지 않기 위해서다. 그리고 연구 결과를 실제 적용하려고 노력하는 교사, 교장 혹은 부모와 같은 열정적인 사람들이 이러한 방식을 계속 이어가고 있다.

이러한 시도의 결과를 다룬 연구 보고서는 아직 몇 개 없으나, 〈예테보리스포스텐(Göteborgsposten)〉과 SVT 뉴스에 결실을 보여주는 기사가 실렸다. 기사 제목은 "심박수와 함께 상승하는 성적(Betygen stiger med pulsen)"과 "학교 시작 전

심박수를 높이는 운동…… 보덴(Boden) 학생들의 성적 상승 (Pulsträning innan skoldagen, eleverna i Boden har höjt betygen)"이었다. 아이들은 몸을 움직이고 나면 학습량이 더 많아지고 침착하게 행동하며, 또한 대부분 집중력도 높아지고 충동적인 행동도 덜하게 된다. 그러나 유아와 청소년의 권장 수면 시간이나 생체 리듬을 생각하면 학교 시작 전에 15~20분 동안 신체 활동을 하는 게 쉽지는 않다. 그러므로 15분보다 짧은 시간을 투자해도 효과가 있을지 궁금할 것이다. 짧아도 효과는 있다.

약간의 움직임으로도 효과를 얻을 수 있다

5학년 학생 약 100명에게 4주 동안 매일 신체 활동을 하라고 지시하고 신체 활동 시작 전과 후에 일련의 심리 검사를 진행했다. 그 결과 피실험자들의 집중력이 더 높아졌을 뿐만 아니라 산만하던 태도도 급격하게 줄어들었다. 게다가 피실험자들의 정보 처리 속도도 빨라졌다! 가장 매력적이었던 것은 신체 활동에 시간이 거의 들지 않았다는 사실이다. 운동은 교실에서 매일 6분(!) 동안 이루어졌다. 학생들은 평소 수업 시간에 잠시 휴식을 취하면서 몸을 움직이기 위해 운동 비디오를 보고 따라 했다. 동작은 점진적으로 난이도가 높아졌지만, 그래 봐야 격렬한 축구 경기나 기계 체조용 안마(鞍馬)를 뛰어넘을 때 느끼는 정도였다. 그리고 하루에 6분은 평소 수업 시간에 지장도 없는 짧은 시간이었다.

매일 6분씩 몸을 움직이는 프로그램은 4주 동안 진행되었으나, 단 한 번만 해도 효과가 있었다! 한 무리의 유아와 청소년에게 페르시아의 왕자(Prince of Persia)라는 컴퓨터 게임을 하게 했는데, 이때 게임 시작 전에 신체 활동을 한 아이들이 더 성과가 좋았다. 이 게임은 복잡한 길을 따라 움직이면서 몇몇 부분에서는 집중력을 발휘해야 한다. 이때에도 아이들은 오랜 시간 몸을 움직인 게 아니었다. 단 5분 동안 달리기를 한 것만으로도 성과가 좋아졌다. 오늘날 아이들의 집중력을 높이고 주의가 분산되지 않도록 하는 것은 상당히 힘든 일이다. 그러나 단 5분 동안 운동을 하고 나면 이러한 능력이 향상되었다. 흥미롭게도 ADHD 진단을 받은 아이들에게서 특히 큰 변화가 관찰되었다. ADHD는 기본적으로 집중에 큰 어려움을 겪는다.

더 나아가 10대와 성인도 집중력을 향상시킬 수 있을까? 실제로 그러하다. 한 연구에서 10대 3,000명을 대상으로 일주일 동안 만보기를 가지고 다니라고 지시한 후 그 결과를 보니, 더 많이 걸을수록 집중력이 강화되었다. 특히 심박수가 상승한 경우에 더욱 그러했다. 10대와 성인을 대상으로 한 30여 개의 서로 다른 연구 조사 결과를 종합하면 다음과 같은 결론을 내릴 수 있다. 운동은 우리 시대에 너무도 부족한 집중력에 긍정적인 영향을 미친다. 또한 신체 활동은 계획 수립 능력, 집중 대상을 전환하는 능력 등 일의 실행 기능을 향상시키는 데 효과가 있다. 10대의 집중력은 이따금 산책을 하거나 달리기를 하는 것만으로도 긍정적인 영향을 받은 반면, 일의 실행 기능 향상에는 몇 주 또는 몇 달에 걸친 규칙적인 신체 활동이 필요했다.

운동을 하면 왜 더 집중하게 될까?

아마도 그 이유는 우리 조상들이 사냥을 하거나 잡아먹히지 않으려고 달아날 때처럼 신체 활동을 할 때 가장 많은 집중력이 필요했기 때문일 것이다. 진화는 수백만 년에 걸쳐 뇌에 꼭 필요한 순간에 최고의 집중력을 발휘하도록 새겨놓았다. 주로 사냥할 때나 도망칠 때와 관련되었을 것으로 추정된다. 사냥을 그다지 자주 하지 않았을 것 같지만 수렵 채집인에 대한 최근 연구들을 보면, 사냥 및 기타 활동에 하루에 2~3시간을 사용했다고 한다. 신체를 사용했을 이 시간 동안, 인간은 최고의 집중력을 발휘했을 것이다. 사냥감을 잡거나 사냥감에게 잡아먹히지 않기 위해서 말이다!

대체로 인간의 뇌는 사바나에서 살 때와 비교해서 크게 변하지 않았기 때문에 신체 활동을 할 때 우리의 집중력도 강화된다. 그러나 지금은 사냥을 하거나 야생 동물을 피해 달아나기 위해서가 아니라 책상 앞에 가만히 앉아 있거나 직장에서 프레젠테이션하기 위해 집중력이 필요하다. 이때 운동은 진화를 통해 자리 잡은 생존 메커니즘을 자극하여 가능한 한 최대로 기능을 발휘하도록 해준다. 오늘날 몇몇 학교들이 이 방법을 써서 상당히 긍정적인 결과를 얻고 있다!

스트레스와 불안을 해결해줄 기적의 치료제, 운동

나는 신체 활동을 통해 뇌 기능을 더욱 활성화하고 강화시키는 수백 명의 사람을 만났다. 그런데 이들이 신체 활동의 효과로 가장 높게 평가하는 것은 집중력 강화가 아니었다. 이들은 스트레스와 불안 수준이 낮아지는 것을 가장 높게 평가했다.

앞서 보았듯이 성인 10명 중 9명이 항우울제를 복용하고 있다. 항우울제는 우울증에만 듣는 게 아니라 강력한 불안을 진정시키는 데도 효과가 있다. 나는 10명 중 9명이면 상당히 높은 비율이라고 생각한다. 약물이 도움이 되기도 하지만 이따금 너무 손쉽게 처방되는 게 아닌가 싶다. 하지만 또 불안 장애로 심각한 문제를 겪으면서도 항우울제를 복용하지 않는 사람들도 있다. 그런 사람들에게는 신체 활동이 불안을 해소해주는 기적의 해결책이 될 수 있다.

불안 민감도가 높은 대학생 그룹을 둘로 나누어, 한 그룹은 고강도 운동(최대 심박수의 60~90% 수준에서 20분 동안 달리기)을 하도록 하고 다른 그룹은 저강도 운동(20분 동안 산책하기)을 하도록 지시했다. 과제 수행은 2주 동안 일주일에 세 번, 즉 총 6회 이뤄졌다. 그다지 어려운 프로그램은 아니었다. 6회의 과제 수행 이후 산책을 한 그룹과 달리기를 한 그룹 모두 불안 수준이 낮아졌고, 특히 달리기를 한 그룹이 훨씬 더 낮아졌다. 또한 불안감은 과제 수행을 하는 동안만이 아니라 이후 24시간 동안 감소한 것으로 나타났다. 더 나아가 효과가 훨씬 오래 유지되었다. 프로그램이 종료된 지 일주일이 지난 이후에도 여전히 불안 수준이 낮았다.

세계보건기구(WHO)에 따르면, 오늘날 10명 중 1명이 불안 장애를 겪고 있다. 흥미로운 점은 신체 활동을 하는 사람들은 일반적으로 불안해하지 않는다는 사실이다. 아직도 운동이 불안을 예방할 수 있다는 사실을 이해하기 어려운가? 다음을 보자. 700명의 환자를 대상으로 진행한 50여 건의 연구를 종합해보면, 움직임과 운동은 불안 장애로 진단을 받았거나 '일상적인 수준'의 불안감을 느끼는 경우에 모두 불안을 막아주는 효과를 보였다. 선행 연구들과 마찬가지로 심박수가 높아진 사람들이 가장 큰 도움을 받았다.

스트레스 대처용 멘탈 에어백

스트레스나 불안 장애가 있는 환자들에게 신체 활동이 고통을 줄여준다고 하면 많은 사람이 놀란다. 대부분 휴식이 그런 역할을 하지 않느냐고 생각한다. 인류 역사상 99%의 시기 동안 스트레스는 대부분 맞서 싸우거나 달아나야 하는 위험과 관련이 있었다. 달아나기를 택하든 반격하기를 택하든 체력이 좋아야 살아남을 확률도 높았을 것이다. 잘 다져진 신체를 가진 사람들은 스트레스 대응 시스템을 완전하게 발동하지 않더라도, 신체가 '패닉 기어'를 당기지 않아도 위협으로부터 달아날 수 있었을 것이다.

스트레스 대응 시스템은 사바나에서 살던 때 이후로 크게 달라진 게 없기 때문에 체력이 좋은 사람은 사자를 더 잘 피할 수 있었듯이 현대 사회의 스트레스 원천에도 더 잘 대응할 수 있다. 아마 달리기를 하는 회계사는 회계 보고 마감일을 앞두고 동료들만큼 스트레스를 받지 않을 것이다. 스트레스 대응 시스템의 생물학적인 이유 때문이다. 스트레스 대응 시스템은 스트레스가 야생 동물로부터 달아나야 하는 것을 의미하던 시기에 형성되었다. 이 말은 좋은 몸 상태 덕분에 그 회계사는 분기 보고서를 살피고 프레젠테이션을 해야 할 때 스트레스 대응 시스템을 발동시키지 않아도 된다는 것이다.

방금 읽었듯이 불안은 위협이 될 만한 뭔가가 일어나기 전에 스트레스 대응 시스템을 발동한다. 그러니까 화재경보 원칙인 셈이다. 똑같은 진화 논리가 여기에도 적용된다. 체력이 좋은 사람은 미리 스트레스 대응 시스템을 발동시키지 않아도 된다. 공격에 나서거나 잠재적인 위협으로부터 달아날 준비가 좀 더 잘 갖춰져 있기 때문이다. 이는 불안 감소로 이어진다.

스트레스가 체력이 좋은 사람들이 좀 더 잘 대처할 수 있는 위험이라면, 신체 활동을 통해 스트레스와 불안에 대한 내성을 강화할 수 있다는 진화 논리는 일견 타당해 보인다. 타당하다고는 하지만 아직 연구가 충분하지는 않다. 5m 뒤에서 어떤 소리가 일정한 크기로 다가온다고 한번 상상해보자. 이번에는 처음에 소리가 났던 5m 뒤의 똑같은 위치에서 소리가 시작되지만 점점 멀어진다고 상상해보자. 소리는 같은 음색, 같은 음량, 같은 위치에서 재생되기 때문에 똑같이 들려야 하지만, 다가온다고 상상했을 때 소리가 더 크고 가깝게 느껴진다.

이처럼 소리가 실제와 다르게 들리는 이유는 인지 편향 (cognitive bias)* 때문이다. 우리에게 다가오는 소리는 위협을 의미할 수 있으며, 그럴 경우에 몸을 숨기기 위해 '안전 여유도'를 높인다. 우리 몸은 잠재적인 위험을 미리 감지할 수 있게 소리가 더 크게 들리도록 진화했는데, 이것이 바로 몸의 '안전 여유도'를 높이는 작업이다. 한 연구에 따르면, 몸 상태가 좋을 때는 소리의 원천이 다가오든 멀어지든 상관없이 소리를 같은 방식으로 지각한다. 상태가 좋을 때는 '달아날' 필요가 없기 때문일 것이다. 그런 사람들은 무엇이 다가오든지 쉽게 달아날 수 있어서 그렇지 않은 사람들만큼 청각 정보가

---

* 사람이나 상황에 대한 비논리적인 추론에 따라 잘못된 판단을 내리는 패턴을 말한다.

왜곡될 필요가 없는 것이다.

이처럼 체력에 따라 들려오는 소리를 다르게 인식한다는 사실은 체력이 좋은 사람은 스트레스 대응 시스템을 크게 활성화할 필요가 없다는 강력한 반증이기도 하다. 신체 단련을 통한 스트레스 예방 효과의 기저에는 진화 논리가 자리 잡고 있다.

우리는 점점 덜 움직인다

신체 활동은 스트레스 내성을 강화하고 우리 시대에 거의 사라져가는 집중력을 높여주어 디지털 환경에 적절히 대처할 수 있도록 도와준다. 문제는 우리가 점점 더 안 움직인다는 사실이다. 지금도 원시 농경 사회의 수렵 채집인처럼 살아가는 부족들을 연구한 결과에 따르면, 우리 선조들은 매일 1만 4,000~1만 8,000걸음을 걸은 것으로 보인다. 오늘날 우리는 하루에 채 5,000걸음도 걷지 않는데 말이다. 게다가 이 수치는 10년마다 감소하고 있다. 스웨덴인들은 1990년대 대비 신체 활동 비율이 11%나 감소했고, 오늘날 성인의 절반 가까이가 신체 활동을 거의 하지 않아서 건강에 직접적인 위협을 받고 있다. 특히 청소년들의 상태가 안 좋다. 14세의 신체 활동은 20세기 말과 비교해보면 여성은 24%, 남성은 30% 감소했다. 앞선 인류 역사상 이렇게 빠른 속도로 감소한 적이 거의 없었다. 그럼, 14세의 신체 활동 감소의 가장 큰 원인은 무엇일까? 바로 스크린 타임이다.

얼마나 움직여야 할까?

그렇다면 뇌의 기능을 촉진하기 위해서 성인과 유아는 얼마나 몸을 움직여야 할까? 이 질문의 답을 찾기 위해 몇몇 이스라엘 연구자들은 신체 활동이 우리의 정신 능력에 미치는 영향을 다룬 약 5,000건의 연구 결과를 살펴보았다. 정말 고된 작업이 아닐 수 없다! 5,000여 건의 연구 중에서 가장 면밀하게 이루어진 연구 조사 결과를 골라냈더니 100건이 조금 안 되었다. 이 조사들을 정리한 결과는 어땠을까? 그렇다, 모든 종류의 신체 활동이 우리의 정신 능력에 좋은 영향을 미쳤다. 산책, 요가, 달리기, 근육 운동…… 전부 다 긍정적인 효과가 있었다. 특히 몸의 움직임을 통해 정신적인 사고 과정의 처리 속도가 가장 많이 향상되었다. 그러니 신체 활동이 활발해지

인스타 브레인

우리의 몸 상태는 형편없다!

여러분의 직계 조상을 한번 만난다고 생각해보자. 아버지의 아버지의 아버지의 아버지의 아버지, 혹은 어머니의 어머니의 어머니의 어머니의 어머니를. 수많은 세대를 거슬러 올라가 수천 년 전의 사람을 만나는 것이다. 이렇게 오랜 세월을 건너서 만난 친척에 대한 첫인상은 아마도 그 사람의 잘 단련된 신체를 보고 감탄하는 일일 것이다. 우리는 선조들에 비해 의외로 몸 상태가 안좋다. 터무니없을 정도로.

7,000년이 넘는 고대 유골의 넓적다리뼈와 정강이뼈를 분석해본 결과, 당시 평균 다리 조직, 질량, 강도가 오늘날 장거리 달리기 선수에 버금간다고 한다. 최고로 단련된 수렵 채집인의 다리뼈는 오늘날 가장 뛰어난 운동선수보다도 상태가 좋았다. 케임브리지대학교의 콜린 쇼(Colin Shaw)는 우리 선조들의 신체 모양을 '괴물'이라고 표현하면서, 오늘날 인류의 신체 상태는 "정말이지 한심하다"라고 평가했다.

쇼는 뼈 조직이 점진적으로 약화된 가장 중요한 원인으로 신체 활동 감소를 꼽았다. 가만히 앉아 있는 생활 방식이 만연해질수록 뼈의 밀도는 낮아지고 강도도 약해질 것이다. 다시 말하면 전례 없을 정도로 가만히 앉아 있기만 하는 오늘날에는 뇌뿐만 아니라 신체도 기능 저하의 위기에 처해 있다.

면 더 빠르게 사고할 수 있다.

6개월 동안 최소 52시간을 움직이면 효과를 극대화할 수 있다. 이는 일주일에 2시간에 해당하는 시간이다. 이를테면 이 시간을 일주일에 45분씩 세 번으로 나눠 사용할 수 있다. 사실 이보다 더 많은 시간을 들인다고 해서 뇌에 어떤 추가적인 영향을 미치지는 않는 것 같다. 그래도 몸은 좋아질 것이다. 뇌의 관점에서 보면, 일주일에 2시간 몸을 움직이고 나면 어느 시점에선가 효과가 나타나기 시작한다. 그러니 긍정적인 효과를 얻기 위해 마라톤을 완주할 필요는 없다!

뇌의 관점에서 볼 때, 심박수를 높이는 것이 그렇지 않은 것보다 더 낫다. 그렇지만 쉬엄쉬엄 산책하는 것만으로도 놀라운 효과를 얻을 수 있다. 할 수 있는 만큼 해보고 심박수를 높일 수 있다면 금상첨화일 것이다.

인스타 브레인

9장

뇌는 지금도 바뀌고 있다

"인류는 점점 더 멍청해지고 있는가?"

———

실리콘 칩은 모든 것을 변혁할 겁니다.
중요한 것을 제외한 모든 것을요.

_버나드 레빈(Bernard Levin), 〈타임스〉 1978년 10월 3일

INSTA
BRAIN

100년 전 인류는 우리보다 멍청했을까?

지금까지 휴대전화가 기억이나 집중력 같은 정신 능력에 어떤 영향을 미치는지 살펴보았다. 또한 오래 가만히 앉아 있거나 잠을 덜 자는 등 현대의 생활 방식도 휴대전화와 동일한 결과를 유발한다는 사실도 다루었다. 그렇다면 우리가 점점 멍청해지고 있다는 뜻일까? 잠깐만, 우리가 더 똑똑해진 거 아닌가? 맞는 말이다. 다만 장기적으로 봤을 때만 그렇다.

서양에서 평균 IQ는 지난 100년 동안 30점 상승했다. 첫 현대 IQ 테스트는 1900년대 초에 개발되었으며 당시 평균 IQ는 오늘날과 같이 100이었다. 하지만 우리가 점점 똑똑해지면서 테스트 난이도도 높여야만 했다. 현재 IQ 테스트를 통해 평균 인 100점을 받으면 100년 전 기준으로는 130점으로 가장 똑똑한 인구 3%에 들었을 것이다. 마찬가지로 1900년대 초에 100점을 받아 평범한 능력이라고 평가받은 사람은 오늘날 테스트로는 발달 장애의 기준에 해당하는 70점을 받았을 것이다.

그렇다고 100년 전 사람들이 우리보다 멍청했던 것은 아니다. 현실적인 삶에서 우리만큼 잘 대처했다. 우리의 IQ가 올라간 원인은 오늘날 지능 검사에서 측정하는 추상적이고 수학적인 사고에 필요한 훈련을 훨씬 더 많이 받았기 때문이다. 무엇보다도 우리는 학교에 더 오래 다닌다. 오늘날 스웨덴인의 절반은 고등학교를 졸업했다. 100년 전에는 대부분 7년제 초등학교에 다녔을 뿐이다. 또한 오늘날은 직업이 더욱 복잡하다. 내 직업을 예로 들면, 100년 전에 의사는 사용할 수 있는 약품의 종류가 그다지 많지 않았다. 그때는 항생제조차 발견되지 않았을 때였다. 하지만 오늘날에는 구할 수 있는 의약품이 수천 개는 되며, 의학 지식은 너무 방대하여 모든 것을 다 살펴볼 수 있는 사람이 없을 정도다.

낮아지는 우리의 IQ

우리는 점점 더 복잡한 직업과 더 오랜 시간 교육을 받아야 하는 복잡한 세계에 발을 들여놓았다. 그리고 이를 통해 추상적인 사고 능력을 발달시키고 IQ 테스트에서 하는 것과 같은 사고력을 연습하게 된다. 각 세대의 IQ가 올라가는 현상은 뉴질랜드의 제임스 플린(James Flynn) 교수의 이름을 따서 '플린 효과(Flynn effect)'라고 부른다. 그러나 플린 효과가 전적으로 디지털화 때문만은 아니다. IQ 상승은 1920년대 이후로 10년마다 거의 비슷하게 이뤄졌는데, 그 당시에는 TV도 인터넷도 없었다.

그런데 1990년대 이후 제임스 플린 교수는 걱정스러운 패턴을 발견했다. 스칸디나비아반도에서 매년 IQ 상승 폭이 좁아진 데다 평균 IQ가 떨어진 것이다. 낙폭은 매년 0.2점 정도로 그다지 급격하지는 않았지만, 한 세대가 지나면 스칸디나비아반도 내 국가들의 평균 IQ는 6~7점 하락하게 될 것이다. 이는 명백한 하락세다. 플린 교수는 어쩌면 다른 나라에서도 유사한 현상이 나타날 수 있다고 추측했다.

플린 교수는 학교 수업이 예전과 달리 그렇게 까다롭거나 힘들지 않고 20~30년 전과 같은 방식으로 문해력을 중시하지도 않기 때문일지 모른다고 말했다. 또한 우리가 몸을 덜 움직이는 게 일부 영향을 미쳤거나 범람하는 모든 정보를 처리하는 데 어려움을 겪기 때문일지도 모른다고 덧붙였다.

우리 뇌는 지금도 계속 바뀌고 있다

런던에서 택시를 탈 때마다 택시 기사가 지도나 GPS 없이 길을 잘 찾는다는 사실에 항상 놀란다. 도로 체계가 어마어마하게 광범위할 뿐만 아니라 어떤 식의 논리도 구조도 없어 보이기 때문이다. 하지만 내가 운 좋게 특별히 경험이 풍부한 택시 기사들을 만난 게 아니었다. 런던에서 택시 기사가 되는 것은 2,000개 이상의 길거리와 5,000개 이상의 장소를 기억해야만 하는 엄청나게 어려운 일이다. 예비 택시 기사가 갖춰야 하는 지식이 어마어마하게 방대하기 때문에 택시면허시험의 이름도 무려 '지식(The Knowledge)'라고 지었다. 많은 사람이 수년 동안 이 시험을 준비하지만 절반은 떨어진다.

학습 과정이 얼마나 포괄적인지 심지어 뇌의 변화를 측정할 수 있을 정도다! 지식 시험을 준비하고 있는 예비 택시 기

인스타 브레인

사들과 일반인 동년배들을 비교해보니, 학습을 시작하기 이전에는 뇌에 큰 차이가 없었다. 하지만 연구 결과 예비 택시 기사들은 뇌의 기억 저장소인 해마가 성장했고, 이후 시험에 합격한 사람들의 해마는 더 커졌다는 사실이 밝혀졌다. 특히 후위 해마라고 부르는 해마의 '뒷부분'이 성장했는데, 이곳은 공간 지각 능력에 영향을 미치는 영역이다. 그 반면에 같은 또래의 일반인들은 해마 크기에 변화가 없었다.

학습을 통해 해마가 성장하여 물리적으로 커진다는 것은 뇌가 바뀔 수 있다는, 즉 가소성이 좋다는 이야기다. 오늘날 연구자들은 예비 택시 기사들이 런던 길거리를 학습할 때 해마가 커지는 이유를 이해하기 시작했다. GPS 없이 낯선 환경 속에서 운전할 때 해마와 전두엽이 모두 활성화된다. 해마는 기억과 공간 지각 능력에 중요하며 전두엽은 결정을 내리는 데 중요하다. 이를테면 교차로처럼 여러 선택지 앞에 서게 되면 이 두 영역이 특히 활발하게 활성화된다. 그런데 GPS를 보면서 "20m 앞에서 왼쪽으로 꺾으세요"나 "로터리에서 오른쪽으로 빠지세요"와 같은 안내를 따를 때는 해마와 전두엽이 활성화되지 않는다. 뇌가 에너지를 절약하기 위해 필요하지 않은 것에는 힘을 낭비하지 않기 때문이다. 이는 사용하지 않으면 우리의 정신 능력 일부를 잃을 수도 있다는 말이다. 뇌

스스로 쓰거나 버리기를 선택하는 셈이다.

우리가 많은 일을 점점 더 휴대전화와 컴퓨터에 넘기다 보면 길 찾기 외에도 다른 추상적인 사고 기능을 잃어버리게 될지도 모른다. 하지만 반대로 진취적인 또 다른 뭔가를 사용할 수 있는 지능을 얻는 것은 아닐까? GPS가 길을 찾아주면 우리는 팟캐스트를 듣거나 직장에서 생긴 문제를 생각하는 데 집중할 수 있으니 말이다. 그래, 어쩌면 그럴지도 모르겠다. 그러나 우리는 모든 것을 아웃소싱할 수는 없다. 세상을 살아가려면 특정한 지식이 필요하고 비판적인 질문도 던지면서 정보를 평가해야 한다. 점점 더 복잡해지는 시대이니만큼 이런 태도는 더욱 필요하다. 전례 없이 복잡한 사회는 우리를 더 똑똑하게 만들지만(플린 효과), 우리의 정신 능력 중 너무 많은 부분을 컴퓨터와 휴대전화에 넘겨주어 더 멍청하게 만들 수도 있다. 바로 이것이 스칸디나비아반도에서 관찰되는 IQ 하락세의 원인일 수도 있다.

많은 학자들이 자동화와 인공 지능 때문에 앞으로 많은 직업이 사라질 거라고 예측하고 있다. 살아남는 직업은 아마 집중력이 필요한 일일 것이다. 얄궂게도 디지털 세계에서 가장 필요한 능력이자 약화되고 있는 능력이 바로 집중력이다.

기술의 발전과 심리 장애

"현대 기술은 생각을 어렵게 만드는 정보의 홍수 속으로 우리를 밀어 넣을 겁니다."

스위스 출신 연구자인 콘라트 게스너(Conrad Gesner)는 일찍이 현대 기술이 우리에게 부정적인 영향을 미칠 거라고 경고했다. 한참 앞서서 말이다. 당시에는 휴대전화나 인터넷도 없었고 활판 인쇄술의 시대였던 1500년대 중반에 이러한 경고를 한 것이다. 1800년대에는 철도 보급과 더불어 '멀미'를 경고하는 예언가들이 등장했다. 시속 30km를 웃도는 속도로 이동하는 것은 무척이나 부자연스러운 행동이었고, 그 결과 기분이 나빠지고 토할 수 있으며 자칫하면 생명이 위급해질 수 있다는 것이다! 20~30년 후 전화기는 악마의 발명품으로 벼락을 맞아 악령에게 끌려갈 것이라고 여겨졌다. 불안감이 너무 컸던 탓에 교환국에서는 교환원으로 일할 사람을 찾는 데 어려움을 겪기도 했다. 1950년대에는 TV가 최면 효과가 있다며 공공연하게 TV를 두려워했다!

오늘날 뇌에 미칠 영향을 걱정하면서 디지털 생활 방식을 불안해하는 것은 전화기에 악령이 들었다거나 TV가 최면을 건다고 말하는 것과 같은 것일지도 모른다. 새로운 기술의 등장으로 변화가 일어나면 심판의 날을 얘기하는 예언가들이 본능적으로 외치는 말들과 똑같을지도 모른다! 그러나 이러한 우려의 목소리를 진지하게 받아들이는 게 좋을 것 같다. 그 이유를 보여주는 예가 하나 있다. 새로운 기술은 곳곳에 있으며 우리는 24시간 내내 이 기술들과 하나가 되어 생활한다. 하루에 6~7시간씩 기차에 앉아 있던 사람은 없었다. 하루에 6시간씩 통화하던 사람도, 주머니에 TV를 넣고 다니던 사람도 없었다. 하지만 지금 우리는 휴대전화와 컴퓨터를 그야말로 24시간 내내 사용하고 있으며, 이것은 앞서 이루어진 기술 혁명과는 사뭇 다르다.

뇌는 자신이 살아가는 세계에 적응하는 능력이 놀라울 정도다. 그러니 이러한 실용성과 가소성을 생각하면 하루 24시간 내내 디지털에 둘러싸인 생활 방식이 우리에게 강력한 영향을 미치지 않았을 리가 없다.

연구하고 있을 시간은 없다!

매일같이 디지털 생활 방식이 미치는 영향을 다룬 연구 조사 결과들이 쏟아지고 있다. 새로 발견된 사실들을 읽다 보면 어지러울 지경이다. 그러나 생각해봐야 할 중요한 게 하나 있다. 연구에는 시간이 걸린다는 사실이다. 연구자가 연구를 계획하고 참가자를 모집하여 연구를 수행한 뒤 결과를 분석해 학술 저널에 이 내용을 싣는 데까지는 통상 4~5년이 걸린다. 그러니까 오늘날 발표되는 수많은 연구 결과들은 이미 2013~2014년에 계획이 수립된 셈이다. 그런데 그 이후 우리가 디지털 미디어에 할애하는 시간은 급격하게 증가했다.

디지털 기술이 미치는 영향을 연구하는 속도보다 디지털 기술의 발전 속도가 더 빠르다. 오늘날 디지털 생활 방식이 미치는 영향에 대한 연구 결과를 보고 싶다면, 2023년까지는 기다려야 한다. 그리고 그때쯤이면 당연히 기술은 더욱 발전했을 것이다. 지난 20년 동안의 흐름이 반전되지 않는 이상, 휴대전화와 컴퓨터를 지금보다 더 오랜 시간 사용하고 있을 것이다. 그리고 다시 2023년의 디지털 생활 방식이 미치는 영향을 알고 싶다면 2027년까지는 기다려야 한다.

그러니까 내 말은 주의를 기울이자는 것이다. 아이의 손에서 혹은 우리의 손에서 휴대전화와 태블릿을 떼어놔보면, 휴대전화와 태블릿에 중독성이 있다고 의심하게 될 것이다. 잠을 점점 더 못 자고, 더욱 불안해하거나 집중력이 저하되는 동시에 하루에 3시간씩 휴대전화를 사용한다면, 지금까지 나온 연구 결과가 어떻든 일단 휴대전화를 잠시 내려놓는 게 좋겠다.

우리는 무엇을 잃고 있는가?

앞에서 이야기했듯이 인류는 쉽게 주의가 흐트러지는 자연스러운 본능이 있다. 휴대전화는 바로 이 본능을 직접 파고든다.

"그런데 우리의 주의가 산만해지는 게 사자가 아니라 페이스북 때문이라고 해도, 결국은 원래의 산만한 수준으로 돌아간 것 아닌가요? 뇌의 발달 목적에 맞춰서 움직이는 거 아닌가요?"

오늘날 새로운 디지털 세계가 우리를 점점 더 주의 산만하게 만든다는 내용의 강연을 할 때 어떤 사람이 이런 질문을 던진 적이 있다. 아주 멋진 질문이다. 정확히 질문자의 말대로 그럴 수도 있다. 그러나 실제로 그렇다면 우리가 필수불가결한 무언가를 잃어버릴 위험이 있다.

대규모 문화적, 기술적, 학술적 진보는 대부분 고도의 집중력을 가진 사람들 덕분에 이루어져 왔다. 상대성 이론이나 DNA 분자 발견 혹은 얄궂게도 주의를 산만하게 만드는 최적의 도구인 아이폰 개발 모두 상상할 수 없을 정도의 집중력이 필요했다. 자기 자신을 넘어설 필요는 없다. 만약 당신이 스포츠, 악기 다루기, 프로그래밍, 기사 작성 혹은 요리를 특출하게 잘한다면 아마도 그 하나를 잘하기 위해 노력하고 집중했을 것이다.

"어쨌든 결국에는 새로운 디지털 삶에 적응하지 않을까요?"라고 내 답변을 충분히 이해하지 못한 질문자가 다시 물었다. 필기술, 활판 인쇄술, 시계와 같은 여러 다양한 기술적 장치는 작업 방식과 의사소통 방식뿐만 아니라 사고방식도 바꾸었다. 우리의 디지털 생활 방식도 똑같은 영향을 미칠 가능성이 있다. 그러나 그렇다고 해서 자동으로 더 나은 방향으로 바뀐다는 뜻은 아니다.

저술가인 니컬러스 카(Nicholas Carr)는 활판 인쇄술이 어떻게 여러 층위에 고도의 집중력을 보급했는지 설명한 바 있다. 책을 펼친 사람은 누구든지 순식간에 다른 사람의 생각을 들여다보면서 저자가 쓴 내용에 집중할 수 있지만, 인터넷은 책과 정반대라고 봤다. 인터넷은 깊은 생각을 퍼뜨리는 게 아니라, 새로운 것과 더 빠른 도파민 주사만을 끊임없이 추구하면서 겉만 훑고 지나가게 한다는 것이다.

우리는 여전히 진화하고 있는가?

그렇다, 우리는 진화하고 있다. 지금이 진화의 종점은 아니다. 말하자면 진화는 멈추지 않는다. 그러나 오늘날 진화의 속도는 더뎌졌을 수 있다. 이 추측이 슬프지만 사실인 이유는 진화가 특정 환경에서 이득을 안겨주지 않는 특질을 제거하기 때문이다. 이러한 특질을 가진 사람들은 생존하지 못하며 유전자를 후대에 물려주지도 못한다. 북극곰이 차츰 흰털을 갖게 된 것은 흰털이 없는 개체가 죽을 확률이 높아졌기 때문이다. 책의 초반에서 소개했던 칼로리에 대한 욕구가 강했던 마리아가 후대에 유전자를 물려줄 확률이 더 높았던 것은 그 시대에는 굶어 죽는 게 일상적이었기 때문이다. 충분히 먹지 않은 사람은 생존하지 못했다. 칼로리 섭취 충동을 느끼지 않는 사람들은 죽었기 때문에 이 충동은 수천 년에 걸쳐 차츰 보편적인 특성으로 자리 잡게 된 것이다.

그렇다면 결국에 우리는 문자 보내는 데 최적화된 엄지나 컴퓨터 프로그래밍 언어를 이해할 수 있는 선천적인 능력의 발달을 통해 새로운 디지털 세계에 적응하게 될까? 나는 그렇게 생각하지 않는다. 진화는 생존이나 번식에 도움이 되는 특질을 보편화시키고 이러한 특질이 없는 사람들은 생존도 번식도 하지 못하게 흘러간다.

그런데 오늘날 우리는 경이로울 정도로 서로의 생존을 돕고 있다. 전 세계의 평균 기대 수명은 고작 200년 사이에 30세에서 대략 70세로 올라갔다. 시험관 수정 덕분에 아이를 갖지 못했을 많은 사람이 아이를 가질 수 있게 되었다. 이 모든 것은 환상적이지만 엄밀하게 생물학적으로 말하면 진화가 훼방을 받고 있다는 뜻이다. 이를테면 컴퓨터 프로그래밍 언어를 자연스럽게 이해할 수 있는 능력을 가지고 태어나지는 않을 것이다. 그런 능력이 없이 태어나도 죽지 않을 테니까 말이다. 천만다행이다. 왜냐하면 나는 그런 능력이 없으니까!

그렇다면 인류가 이제 발달하지 않을 거라는 말인가? 꼭 그렇지만도 않다. 최근 몇십 년 동안 유전 공학은 전례 없는 발전을 일궈냈다. 우리는 질병에 걸릴 확률에 유전자가 어떤 영향을 미치는지 알게 되었을 뿐만 아니라 우리의 정신적 특질과 성격에 어떤 영향을 미치는지도 알게 되었다. 오늘날 우리는 신장과 머리카락의 색부터 지능까지, 외향성 정도나 신경증적 특질 보유 여부를 결정하는 데 어떤 유전자가 기여하는지 알고 있다. 이러한 지식의 폭발적 증가와 더불어 우리의 유전자를 변형할 수 있는 기술도 개발되었다. 이 기술을 사용하여 유전 물질을 자르거나 붙이는 게 가능해졌다. 마치 워드 프로세서에서 글자를 이동하는 것과 똑같이 말이다! 이러한 기술들은 질병을 만들어내는 유전자를 변형하거나 제거하는 데 사용될 전망이다. 이는 당연히 좋은 방향으로 활용한 예이다. 그런데 문제는 질병과 특질의 구분이 언제나 모호하다는 것이다.

이를테면 지능은 대부분 유전자에 좌우된다. 그러나 'IQ 유전자'라는 것은 존재하지 않으며 실제로는 수백 개의 유전자가 IQ에 영향을 미친다. 이들 유전자 중 일부를 바꿔 아이의 IQ를 높일 수 있다면, 당연히 예비 부모에게는 무척이나 매력적일 것이다. 오늘날 이러한 시술은 허가되지도 가능하지도 않지만, 수년 안에 순전히 기술적인 측면에서는 가능해질 것이다.

어쩌면 미래의 유전 공학은 인류의 특질을 바꾸는 데 사용될 수도 있다. 키와 성격부터 운동 신경과 지능까지 모두 말이다. 진화적 발달을 통제하고 차츰 다른 뭔가가 되어가는 전개, 즉 신인류가 되는 것을 많은 사람이 두려워할 것이다. 타임머신을 타고 수천 년 후로 여행을 갈 수 있다면 누구를 만나겠는가? 나는 당신이나 나처럼 생기고 행동하는 누군가를 만나고 싶다.

정말로 우리는 더 우울해진 걸까?

앞에서 사람들이 점점 더 디지털 생활 방식을 따르고 그와 더불어 정신 건강 문제를 호소하는 사람들이 많아졌다고 이야기했다. 하버드대학교의 연구진은 전 세계적으로 정신 건강 문제가 심각해지고 있어서 2030년에는 16조 달러를 여기에 써야 할 거라고 경고했다. 자금을 들이면 1,350만 명의 목숨을 구할 수 있지만 아직은 정신 건강 문제에 대처하기 위해 이러한 조치를 충분히 취하는 국가는 한 곳도 없다. 하버드대학교의 비크람 파텔(Vikram Patel) 교수는 "마음의 병만큼 무시당한 질병도 없다"고 했다.

스웨덴에서도 정신 건강 문제가 나날이 심각해지고 있다. 오늘날 스웨덴의 성인 100만여 명이 항우울제를 복용하고 있다. 1990년대와 비교하면 500~1,000% 증가한 셈이다. 심리학적 진단을 받거나 향정신성의약품을 복용하는 청소년의 비율은 10년 동안 2배 증가했다. 이러한 수치는 무척 암울해서 우울해지기까지 한다. 그런데 정말로 우리의 기분이 더 우울해졌을까? 이 질문은 사실 대답하기가 어렵다. WHO에 따르면, 스웨덴은 2016년에 우울감을 느끼는 청소년이 1990년에 비해 늘어나지 않았다. 일각에서는 우리의 기분이 전보다 우울해진 게 아니라 오늘날에는 사소한 일에도 도움을 청하는 데다가 보건소에서 평범하기 그지없는 감정들까지 치료하기 때문에 증가한 것처럼 보인다는 것이다. 그렇다면 누구를 믿어야 하는가? 나는 증가세를 진지하게 받아들여야 한다는 입장이다. 비록 살면서 자연스럽게 겪게 되는 보편적인 정서 장애도 정신건강의학과에서 도와주었으면 하는 비현실적인 기대를 하는 사람들이 분명 있기는 하지만 말이다.

내가 고등학교에 다녔던 1990년대에는 정신 건강 전문의를 찾아간다는 것은 상상도 할 수 없었다. 죄수복을 입고 쿠션을 덧댄 방에 갇힐 거라 생각했으니 말이다. 그래서 많은 사람이 마음에 문제가 있어도 도움을 받지 못했다. 오늘날에는 많은 사람이 도움을 받고 있다. 좋은 현상이다. 일례로 그 덕분에 1990년대 이후 자살률이 30% 감소했다.

─────────────── ●)))

행복은 당연한 게 아니다

우리 인간은 본능적으로 반드시 행복을 느끼는 것은 아니다. 우리를 형성한 세계에서는 인구의 절반이 채 10세도 못 채우고 죽었으며 평균 기대 수명은 30세였고 암이나 심혈관계 질환이 아니라 감염, 기아, 살인, 사고, 야생 동물 때문에 사망했다. 그 세계에서는 불안을 느끼고 경계를 늦추지 않는 게 생존에 도움이 되었다. 우리의 선조는 한가로이 걸으면서 모든 게 다 좋다고 생각하고, 뱀이며 사자 혹은 자신을 죽이려는 이웃을 못 볼 위험을 감수하기보다는 사방팔방에 존재하는 잠재적인 위험에 집중했다고 해도 과언이 아니다. 오늘날 우리는 이 감정을 '불안'이라고 부른다. 즉, 우리의 선조는 평온했다기보다 불안을 느꼈을 것이다. 화재경보 원칙과 감정이 우리의 다양한 행동을 어떻게 조종하는지 생각해보자.

보통 동물들은 주어진 환경에서 생존 가능성을 높이고자 환경에 맞는 특질을 만들어가는데, 이를 진화압(evolutionary pressure)이 작용한다고 말한다. 눈이 쌓인 주변 환경 속에서 몸을 숨길 수 있는 흰 북극곰이 태어나기까지, 알프스의 가파른 절벽에서 균형을 잡을 수 있도록 돌을 단단히 디딜 수 있게 염소의 발굽이 발달하기까지 압력이 작용한 것이다. 그러나 행복한 호모 사피엔스가 태어나기까지는 진화압이 전혀 작용하지 않았다. 행복한 호모 사피엔스의 생존 확률이 딱히 높지 않다는 단 하나의 이유 때문에 말이다. 호모 사피엔스의 생존에는 '가장 강한 자가 살아남는다'는 원칙에 앞서 사고와 다툼을 피하는 행동이 더 중요했다. 그러니 불안과 우울감은 기쁨이나 평온한 감정보다 우리의 생존에 더 중요한 감정이다.

"모든 게 다 좋은데 왜 그렇게 기분이 안 좋아요?"라는 질문에 대답하자면, 자연은 인간에게 오래 유지되는 행복한 감정을 심어주는 데 큰 가치를 두지 않았기 때문이다. 자연은 우리가 맛있는 음식을 먹을 때, 친구들과 어울릴 때, 섹스를 할 때 혹은 직장에서 승진할 때 일시적으로 행복감을 느끼도록 만들어놓았다. 그러나 이러한 긍정적인 감정들은 더 많은 음식과 섹스, 직장에서 좀 더 높은 자리를 원하는 감정으로 빠르게 대체된다. 여기에는 그럴만한 이유가 있는데, 바로 우리를 계속 행동하도록 만들기 위해서다.

우리 선조들은 "어제 끝내주는 식사를 했는데, 오늘 음식이 좀 부실한들 뭐 어때?"라거나 "지난해 겨울에 지금 사는 곳이 안락하고 따뜻했으니 겨울이 곧 온다고 해도 걱정할 필요는 없겠어"라고 생각할 여력이 없었다. 왜냐하면 선조들의 99.9%는 음식이 충분하고 밝은 미래가 있다는 확신과 보장이 있는 상황에 놓였을 확률이 극도로 희박했기 때문이다. 자연은 현재 넘쳐나는 정보의 세계에 적응할 시간이 부족했으며, 그래서 지금 우리는 여전히 불안해하며 위협은 없는지 살핀다.

더는 그럴 필요가 없는데도 말이다.

소제목을 읽고 침울해졌는가? 충분히 이해한다. 그러나 자포자기의 심정으로 책을 내던지기 전에 사실 우리가 천성적으로 불행해질 운명은 아니라고 말하고 싶다. 잠을 자고 신체 활동을 하며, 사회관계를 가꾸고, 스트레스를 적당히 받고, 디스플레이 사용을 제한하는 것 등 사람들의 기분을 좋게 만들어주는 것들이 있다. 해답은 정신 건강에 문제가 생기지 않도록 예방을 하는 것에 있지, 약통에 있다고 생각하지 않는다. 향정신성의약품이 실제로 도움이 되기는 하지만, 그렇다고 해서 스웨덴 성인 10명 중 9명이 약물을 복용할 필요도 없으며 약물을 대체할 것이 없는 것도 아니다.

불안과 우울감이 삶의 자연스러운 부분이고 우리의 생존을 도와주었다고 해서 이러한 감정들이 만들어내는 고통까지 무시해야 한다는 것은 아니다. 근시인 사람들에게 "인간은 항상 시력이 좋지 않았으니 상황을 즐겨"라고 말하지 않는다. 그 대신 안경을 쓰라고 권한다. 또한 "인간은 항상 기분이 좋지 않았으니 그냥 지금 상황을 인정해"라고 말할 수도 없다. 대신 기분을 전환할 수 있도록 불안하고 우울한 사람들을 도와야 한다. '지금 우리는 20년 전보다 정말로 더 우울한가'는 흥미로운 질문이지만, 자연이 수백만 년 동안 우리 안에 암호화하여 심어놓은 고통의 결과를 무시해서는 안 된다.

인터넷이 우리를 바보로 만든다

최근 몇 년 동안 석간신문에는 "인터넷이 우리를 멍청하고 우울하게 만든다"는 식의 머리기사가 자주 실렸다. 그러나 문제는 그보다 훨씬 복잡하다. 디지털화는 인류가 겪어온 사회 변동 중에서 가장 규모가 크며, 많은 것이 이제 막 시작하는 단계다. 앞으로 다가올 수십 년 동안 사회는 우리가 상상조차 할 수 없는 방식으로 변하고 더 효율적이 될 것이다. 또 우리는 디지털화를 200년 전에 일어났던 또 다른 사회 변동, 즉 산업혁명과 비교해볼 수 있다. 산업 사회로 전환되면서 우리는 식량 생산을 더 잘할 수 있었고 굶어 죽는 사람도 줄어들었다. 산업화 이전인 1700년대에 살았던 프랑스 농부는 실소득의 대략 절반을 음식에 썼다. 그런데도 하루에 최대 1,800칼로리 수준에 불과했다. 지금 우리의 평소 칼로리 소모량은 2,000칼로리를 웃돈다. 따라서 1700년대의 프랑스 농부들은 수입의 절반을 음식에 쓰면서도 배부르게 먹는 게 불가능했다.

다시 300년 이후로 시점을 이동하면, 전 세계의 많은 지역에서 기아가 사라졌다. 그 덕분에 수백만 명의 목숨도 살려냈다. 그러나 자기비판을 하자면, 넘쳐나는 칼로리를 제대로 관리하지 못했다. 과체중과 비만의 결과는 예방할 수 있는데도 그러지 못하여 사망 원인 중 상위에 자리 잡았고, 이제는 지나치게 많이 먹어서 죽는 사람이 굶어 죽는 사람보다 더 많다.

칼로리 공급이 우리 건강에 미치는 이점과 문제점이 있듯이 디지털화도 우리 뇌에는 양날의 검이다. 클릭 한 번으로 전 세계의 정보를 얻는 것은 우리 선조들이 아무리 상상력을 쥐어짜도 꿈조차 꿀 수 없던 사치다. 디지털화는 우리의 정신 능력을 훨씬 효과적으로 사용할 수 있게 도와주며, 정말이지 상상조차 하기 힘든 인류의 창조력을 발휘할 수 있게 만들어준다. 그러나 매일같이 휴대전화를 수천 번씩 쓸어 넘기면서 뇌에 폭탄을 투하하면 반드시 그에 따른 결과가 뒤따르게 마련이다. 주의 산만한 특성이 일반화되면 우리는 이러한 특성을 따르려는 갈망을 느낀다. 심지어 주의를 산만하게 만드는 게 존재하지 않는 상황에서도 자꾸 다른 곳으로 시선을 돌리게 된다. 우리가 문자, 트윗, 페이스북의 '좋아요' 같은 작은 정보 조각을 받아들이는 데 점점 익숙해질수록 큰 정보 조각을 받아들이는 능력은 저하된다. 전례 없이 복잡한 세계에서 이 문제에 대처해야 한다.

우리는 디지털 기기를 현명하게 사용해야만 하며 문제점이 있다는 사실을 주지해야 한다. 그렇지 않으면 간식 코너의 영양가 없는 칼로리처럼 영양가 없는 디지털 칼로리에 적응해 버릴 위험이 있다. 휴대전화 기술은 우리를 2.0 버전으로 만들 수 있는가 하면 0.5 버전으로도 만들 수 있다.

🛜 맺음말

자연스러운 것이
다 좋은 것은 아니다

우리는 진화의 방향과는 상당히 다른 낯선 세계에 있다. 뇌는 여전히 사방 곳곳에서 위험을 살피던 수렵 채집인 시절에 머물러 있다. 쉽게 스트레스를 받고 주의가 산만해지며 동시에 여러 가지 일을 수행하는 능력이 떨어진다. 지금 디지털 세계에 살고 있는데도 말이다. 이러한 사실을 염두에 둔다면 기분도, 기능도 더 향상될 수 있을 것이다.

내가 이 책을 쓴 이유도 바로 이것 때문이다. 뇌와 우리의 생물학적인 전제 조건에 대한 지식을 통해 얼핏 보았을 때는 이상하다고 느낄 수 있는 상황들을 이해하기 위해서다. 왜 장기적인 스트레스가 우리 기분에 처참한 결과를 가져올까?

왜 과도한 휴대전화 사용이 우리를 주변 환경에 무관심하게 만들까? 페이스북과 인스타그램에 디지털 엄지 척과 하트가 나타나기를 바라는 동안 우리 뇌의 보상 시스템에는 어떤 일이 일어나는 걸까? 운동이 어떻게 스트레스를 더 잘 견딜 수 있게 만들어준다는 걸까? 휴대전화를 옆에 두면 왜 잠을 깊이 못 자는 걸까? 이 모든 질문은 뇌와 우리가 진화해온 세계를 이해하는 데 도움이 된다.

그러나 한 가지 생각해볼 만한 중요한 게 있다. 분명 "석기 시대 인류처럼 먹고 건강해지자" 혹은 "석기 시대 인류처럼 살고 행복해지자"라는 표제를 본 적이 있을 것이다. 이러한 표제들은 태곳적과 흡사한 생활 방식이 우리에게 훨씬 자연스러우며, 따라서 우리 몸에도 더 좋다는 주장을 하고 있다. 그러나 자연스러우니 더 좋다는 것은 자연주의적 오류(naturalistic fallacy)라는 이름까지 붙을 정도로 흔한 사고의 덫이다. 우리 선조들이 살았던 방식이라는 이유 하나만으로 자동으로 그게 좋은 것이라는 의미가 될 수는 없다. 선조들은 눈앞에 음식을 발견할 때마다 바로 먹어치웠는데 이것이 지금 우리에게 유익한 것은 아닌 것처럼 말이다.

자연스럽지 않은 것은 상당히 많다. 이를테면 피임 도구를 보자. 자연스러운 경우라면 섹스를 통해 임신을 해야 하지만,

오늘날 우리는 피임 도구를 통해 이를 막는다. 자연스러운 경우라면 부정맥으로 사망해야 하지만, 오늘날에는 심박조율기로 이를 막는다. 진화론적인 관점에서 '자연스러운가'를 살펴보면 좋지도 나쁘지도 않다.

우리는 신체 활동을 통해 집중력을 높이고 스트레스 내성을 키우며 기억력을 강화할 수 있다는 사실을 안다. 연구 조사 결과가 그렇게 말하고 있기 때문이다. 이는 우리 선조들이 우리보다 몸을 더 많이 움직였다는 사실에 기초한 추측이 아니다. 우리는 휴대전화를 과도하게 사용할 경우 주의가 산만해지고 잠을 못 자고 스트레스를 받을 수 있다는 것도 안다. 연구 조사 결과가 정확히 그렇다고 밝혀냈기 때문이다. 우리 선조들은 휴대전화가 없었으니 그럴 것이라는 추측이 아니다. 진화론적인 관점은 우리가 왜 이렇게 행동하는지 이해할 수 있도록 도와주며, 인류의 본성에 대해 밝혀냈을 때 이를 더 깊이 이해할 수 있도록 해준다.

이미 알아차렸겠지만 이 책에 정답이 있는 것은 아니다. 이 책 역시 질문을 던지고 있다. 전례 없이 빠른 속도로 행동 변화를 겪는 지금, 우리 자신에게 던져야 하는 질문들이다. 변화 속도는 점점 더 가속화되는 것만 같다.

마지막으로, 교양서적은 종종 간추린 내용을 담기도 하는데 이 책도 예외가 아니다. 더 자세히, 더 깊이 알아보고 싶은 사람들을 위해 이 책을 쓰는 데 참고한 모든 연구 자료를 뒤에 실어두었다. 또한 더 잘 자고 기분이 나아지기를, 집중력을 높이기를, 오늘날의 디지털 생활 습관이 미치는 부정적인 영향을 줄이기를 바라는 사람들을 위해서 도움이 될 만한 내용을 덧붙였다.

디지털 세계를 여행하는
사람들을 위한 안전 수칙

기본적으로 해야 할 일

휴대전화 사용 시간을 체크해보자. 휴대전화를 얼마나 자주 집어 드는지, 얼마나 오래 사용하는지 알려주는 앱을 사용해보자. 이렇게 하면 휴대전화가 당신의 시간을 얼마나 많이 빼앗고 있는지 명백하게 볼 수 있다. 인식은 변화의 첫걸음이다.

자명종 시계와 손목시계를 구입하자. 필요 없는 기능까지 휴대전화에 맡기지 말자.

하루에 1~2시간 정도 휴대전화를 끄자. 주변 사람들에게 매일 1~2시간씩 휴대전화를 사용하지 않기로 했다고 말하자. 그러면 당신이 대답을 안 한다고 짜증이나 화를 내는 메시지를 받지 않을 것이다.

모든 푸시 알림을 꺼라.

휴대전화를 흑백 톤으로 설정하자. 색채가 없는 디스플레이는 도파민 분비량을 줄이며, 도파민 분비가 줄어들면 스크롤을 하려는 마음에도 영향을 미친다.

운전할 때에는 무음으로 바꾸자. 이렇게 하면 중요한 순간에 주의가 분산될 위험을 줄일 수 있다. 휴대전화 메시지나 통화가 가장 필요한 순간에 집중력을 앗아갈 수 있다. 메시지나 통화에 대답하지 않더라도 말이다.

직장에서

집중력이 필요한 일을 하고 있다면, 옆에 휴대전화를 두지 말고 다른 곳에 두자.

문자나 메일을 확인하는 시간을 따로 정하자. 이를테면 1시간에 2~3분 정도를 할애하면 된다.

사람들과 어울릴 때

친구들과 있을 때는 휴대전화를 무음으로 바꾸고 약간 떨어진 곳에 두자. 만나고 있는 사람들에게 집중해라. 그러면 함께 하는 시간이 더욱 즐거워질 것이다!

휴대전화를 보는 행동은 전염성이 있다. 휴대전화를 보지 않겠다고 결정하면 도미노 효과가 나타나 다른 사람들도 똑같이 행동할 것이다.

아이들을 위한 조언

교실에 휴대전화를 가지고 가지 마라! 휴대전화는 학습을 방해한다.

스크린 타임을 제한하고 다른 활동을 하자. 하루에 스크린 타임을 분 단위로 정하는 것은 실행하기 어렵다. 그러나 숫자가 꼭 필요하다면 성인이든 영유아든 자유 시간에 휴대전화와 디스플레이를 사용하는 시간을 하루에 최대 2시간으로 제한 해야 한다. 수면, 식사, 통근 및 통학 시간을 빼면 깨어 있는 시간 중 7분의 1을 디스플레이 앞에서 보내는 셈이다! 8세 미만의 아동은 1시간이 적절하다. 그리고 다른 활동을 할 시간을 따로 정하는 게 좋다. 숙제, 신체 활동, 친구 만나기에 사용할 시간을 정해둬라.

좋은 선례를 보여주자. 우리는 서로를 모방하면서 학습한다. 아이들은 말이 아니라 행동을 따라 한다.

자야 할 때

자리에 눕기 전 최소 1시간 전에는 **휴대전화와 태블릿 혹은 이북 리더기를 끄자.**

아주 작은 이유로라도 수면에 문제가 있는 사람이라면, **휴대 전화를 침실에 두지 말자.** 아침에 일어나야만 한다면 자명종 을 사용하자.

침실에 휴대전화를 둬야 한다면 **알림음을 끄고 무음으로 바꾸자.**

눕기 직전에 **업무 관련 메일을 확인하지 말자.**

스트레스

스트레스 증상은 없는지 자세히 살펴보자(스트레스 증상에 어떤 것이 있는지 알고 싶다면 69쪽을 살펴보라). 그러나 증상이 스트레스 외 다른 요인 때문일 수 있다는 것을 명심하자. 불확실하다면 보건소에 방문해보자.

신체 활동과 뇌

모든 움직임은 뇌에 좋다. 그러나 심박수를 높이는 것이 가장 좋다. 그렇다고 마라톤 완주를 할 필요는 없다. 뇌 입장에서는 산책만으로도 놀라운 효과를 거둘 수 있다. 가장 중요한 것은 실천이다. 거기에 더해 심박수가 높아지면 더욱 좋다.

신체 활동을 통해 **최대한 스트레스 수준을 낮추고 집중력**

을 강화하고 싶다면 숨이 차고 땀이 나도록 일주일에 세 번, 45분씩 몸을 움직여라.

SNS

적극적으로 소통하고 싶은 사람만 팔로우하자.

SNS를 소통 도구로 여겨라. 다른 사람들의 피드에 적극적으로 댓글을 남기면 소속감과 강한 친밀감이 형성된다.

휴대전화에서 SNS를 **제거하고** 컴퓨터에서만 사용해라.

🛜 감사의 말

미국의 암 전문의이자 저술가인 싯다르타 무케르지(Siddhartha Mukherjee)는 생각하기 위해 쓴다고 말한 바 있습니다. 지금 그 의미가 무엇인지 절실하게 와 닿습니다. 추론이나 논리의 구멍은 글을 쓰고 보면 뚜렷하게 보이죠. 그러나 현명한 사람들과 이야기를 나누는 것 역시 글쓰기만큼이나 제가 생각할 수 있도록 도와줍니다. 그래서 이 책에 다양한 방식으로 영감을 준 다음 분들께 특별한 순서 없이 감사의 말씀을 드리고자 합니다.

비예른 한센(Björn Hansen), 반야 한센(Vanja Hansen), 오토 안카르크로나(Otto Ankarcrona), 맛스 토렌(Mats Thorén), 구스타

브 쇠데르스트룀(Gustav Söderström), 타히르 자밀(Tahir Jamil), 마르틴 로렌손(Martin Lorentzon), 민나 툰베리예르(Minna Tunberger), 다니엘 에크(Daniel Ek), 시몬 캬가(Simon Kyaga), 칼 요한 순드베리(Carl Johan Sundberg), 칼 토비에손(Karl Tobieson), 말로우 폰 시베르스(Malou von Sivers), 크리스토페르 알봄(Kristoffer Ahlbom), 요나스 페테손(Jonas Petersson), 안데르스 베른트손(Anders Berntsson), 비베카 귀베리(Viveca Gyberg), 엘비라 칼바움(Elvira Carlbaum), 자클리네 레비(Jacqueline Levi), 휴고 라게르크란스(Hugo Lagercrantz), 막스 테그마르크(Max Tegmark), 올레 팔름뢰브(Olle Palmlöv), 니클라스 뉘베리(Niclas Nyberg), 마티아스 올손(Mattias Olsson), 요크 밀고르드(Jock Millgårdh), 말린 셰스트란드(Malin Sjöstrand), 테드 만네르펠트(Ted Mannerfelt), 칼 요한 그란딘손(Carl Johan Grandinson) 그리고 카린 보이스(Karin Bojs).

강연장에서, 거리에서, 또는 메일과 편지로 제가 쓴 내용에 대한 감상을 말해주신 모든 분께 감사드립니다. 엄청난 영감을 받았습니다!

언제나처럼 집필하는 동안 참을성 있게 기다려주고, 영감을 주고 아이디어를 검토해준 본니에르 순문학(Bonnier Fakta)의 세실리아 비크룬드(Cecilia Viklund)와 안나 팔야크(Anna

인스타 브레인

Paljak)에게 큰 감사를 드립니다.

또한 오디오북을 멋지게 낭독해준 요한 스벤손(Johan Svensson), 새 책 판매가 순조롭게 이루어질 수 있도록 신경을 써준 본니에르 출판사의 마케팅 담당자인 소피아 헤울린(Sofia Heurlin)과 한나 룬드크비스트(Hanna Lundkvist)에게도 감사합니다. 그리고 제 책의 판권을 해외에 수출하는 본니에르 저작권팀에도 감사합니다. 마지막으로 마법 같은 일러스트로 각 장의 핵심을 잡아낸 리사 사크리손(Lisa Zachrisson)에게도 감사합니다.

모두 함께해주셔서 감사합니다!

디지털은 우리 뇌를
어떻게 바꾸고 있는가?

지금도 휴대전화를 만지고 있나요?

오늘날 우리가 살고 있는 세상은 무척 빠른 속도로 변화하고 있다. 10여 년 전에는 플립폰이 일반적이었는데 이제는 플립폰을 쓰는 사람을 찾아보기 힘들다. 현재는 길거리, 카페, 식당, 심지어는 휴양지에서도 스마트폰에 시선을 고정한 사람들 천지인 세상이다. 스마트폰은 이제 우리 몸의 일부처럼 느껴질 정도다.

스마트폰을 비롯한 여러 기술, 특히 통신 기술의 발달로 이제는 손쉽게 원하는 거의 대부분의 정보를 클릭 한 번만으로도 찾아볼 수 있으며 멀리 떨어진 곳에 사는 사람들의 안부도

SNS로 확인할 수 있다. 페이스북이나 인스타그램 등의 SNS를 통해 가까운 사람들의 소식뿐만 아니라 소위 '인플루언서'들의 피드나 광고도 보게 된다. 광고를 배치하는 AI의 알고리즘이 정교화된 덕분인지 예전에는 전혀 뜬금없는 광고가 표시되는 경우가 더 많았는데 요즘에는 내가 입력한 검색어와 관련된 맞춤 광고가 표시된다. 무심결에 광고를 누르기 딱 좋다.

인플루언서들의 피드는 어떤가? 그들의 사진 속에는 그야말로 완벽해 보이는, 따라 하고 싶은 욕구를 자극하는 삶이 전시되어 있다. 이런 피드 홍수에서 헤엄치다가 현실로 눈을 돌리면 어떤 기분이 드는가? 새로운 정보를 습득했다는 뿌듯함, 사랑하는 사람들이 잘 지낸다는 안도감이 드는 사람도 있는가 하면 '남들은 다 저렇게 잘사는데 나는 왜 이렇지?' 하는 좌절, 우울함 혹은 초조함이 드는 사람도 있다.

그런데…… 지금 당신은 여기까지 읽고 휴대전화를 집어 들었을지도 모르겠다. 그냥 시간을 확인하려고 그럴 수도 있겠지만, SNS 얘기가 나온 김에 혹시 누가 내 피드에 '좋아요'를 눌러주지 않았을까 살펴보려고 하지는 않았는가? 책을 읽으려고 할 때만 그렇지는 않을 것이다. 어두컴컴한 영화관에서 휴대전화 액정을 살피는 '반딧불'도 있는가 하면 친구들과 커피를 마시거나 식사를 하는 자리에서도 틈틈이 휴대전화를 확인하는 사람들도 있다. 당신이 눈앞의 것에 예전만큼 집중하지 못하고 있다면, 그건 당신만의 문제는 아니다.

SNS를 한참 살피고 난 뒤에 이유 모를 공허함이나 우울감을 느껴본 적이 있는가? 책을 읽을 때, 넷플릭스로 영화를 볼 때, 심지어는 친구를 만날 때에도 때때로 눈앞의 대상에게 집중하기 어렵다는 생각을 해본 적이 있는가? 이 책을 읽으면 왜 그런지를 이해할 수 있을 것이다. 또한 어떻게 하면 기분이 더 좋아질 수 있는지, 집중력을 높일 수 있는지도 알 수 있다.

몸의 일부가 되어버린 휴대전화, 어떻게 사용해야 할까?

저자 안데르스 한센은 스웨덴의 저명한 정신건강의학 전문의로 2019년 9~10월에 걸쳐 공중파인 SVT에서 〈당신의 뇌(Din hjärna)〉라는 총 5편으로 구성된 프로그램을 진행한 바 있다. 또한 1959년 6월 이래 공영 라디오(SR)에서 매해 여름마다 편성하는 〈P1의 여름(Sommar i P1)〉에 출연해 '이렇게 잘 지내는데 기분은 왜 이렇게 나쁜가(Varför mår vi så dåligt när vi har det så bra)'를 주제로 다룬 바 있다. 해당 편은 생방송과 팟캐스트로 총 270만 명이 청취하면서 2019년 〈P1의 여름〉 중 가장 인기가 많았던 편으로 자리 잡았다.

최신작인 이 책을 통해 저자는 디지털이 지배하는 삶이 우리 뇌에 어떤 영향을 주는지 설명하며 또 뇌가 과연 이런 삶에 적응할 수 있는지에 대해 묻는다.

책을 다 읽고 나면 어떤 상황을 마주했을 때 왜 내가 그런 식으로 대처했는지를 더 잘 이해할 수 있을 것이다. 뇌의 작동 방식을 이해하면 스스로를 더 잘 살필 수 있고, 지금 처해 있는 상황을 개선하기 위해 뇌의 협조를 이끌어낼 수 있다. 특히 스마트폰 의존증이 의심되는 사람이라면 저자의 조언을 실생활에 적용해볼 수도 있겠다.

이제 디지털화는 거스를 수 없는 추세다. 그렇다면 이 새로운 세계를 앞두고 우리는 어떻게 대처해야 할까? 도구는 사용하는 사람에 따라 무언가를 창조해낼 수도 있는가 하면 파괴할 수도 있다. 우리 몸의 일부나 다름없어진 휴대전화라는 도구에 중독된 삶을 살 것인지 아니면 주도권을 쥐고 유용하게 활용할 것인지는 독자의 몫이다.

2020년 3월

김아영

⌢ 참고문헌

|1장| 우리 뇌는 아직도 수렵 채집인이다

"Waist-to-hip ratio, body mass index, age and number of children in seven traditional societies" (2017), Scientific Reports, volume 7, Article number: 1622.

Williams, L et al (2008), "Experiencing physical warmth promotes interpersonal warmth." Science, 2008 Oct 24; 322(5901): 606–607.

|2장| 우울증은 뇌의 보호 전략

Barnes, J et al (2017), "Genetic contributions of inflammation to depression." Neuropsychopharmacology, 2017 Jan; 42 (1): 81–98.

Dhabhar, F et al (2012), "Stress-induced redistribution of immune cells – from barracks to boulevards to battlefields: a tale of three hormones – curt richter award winner." Psychoneuroendocrinology. 2012 Sep; 37 (9): 1345–1368.

Jovanovic, H et al (2011), "Chronic stress is linked to 5-HT(1A) receptor changes and functional disintegration of the limbic networks." Neuroimage, 2011, Jan 4.

Laval, G E et al (2010), "Formulating a historical and demographic model of recent human evolution based on resequencing data from noncoding regions." PLOS ONE 5(4): e10284.4

Miller, A, et al (2013), "The evolutionary significance of depression in pathogen host defense." Molecular Psychiatry 18, 15–37. www.socialstyrelsen.se/statistik/statistikdatabas/lakemedel

|3장| 몸이 되어버린 신종 모르핀, 휴대전화

"Americans check their phones 80 times a day study." NYPost 2017-11-08.

"Billionaire tech mogul Bill Gates reveals he banned his children from mobile phones until they turned 14." The Mirror 2017-04-21.

Bolton, N (2014), "Steve Jobs was a low-tech parent." New York Times 2014-09-10.

Boumosleh, J et al (2017), "Depression, anxiety, and smartphone addiction in university students – a cross sectional study." PLOSONE 12(8): e0182239

Bromberg-Martin, E (2009), "Midbrain dopamine neurons signal preference for advance information about upcoming rewards." Neuron 63; 119–126.

Krebs, R M et al (2011), "Novelty increases the mesolimbic functional connectivity of the substantia nigra/ventral tegmental area (SN/VTA) during reward anticipation: Evidence from highresolution fMRI." Neuroimage, Volume 58, Issue 2, 15 September 2011, Pages 647–655.

Meeker, M (2018), "Internet trends 2018." Kleiner Perkins.

Schultz, W et al (1997), "A neural substrate of prediction and reward." Science 14 March 1997: Vol. 275, Issue 5306, pp. 1593–1599. DOI: 10.1126/science.275.5306.1593

Schwab, K (2017), "Nest founder: I wake up in cold sweats thinking what did web ring to the world." Fast Design, 2017-07-07.

Zald, D et al (2004), "Dopamine transmission in theh uman striatum during monetary reward tasks." Journal of Neuroscience, 28 April 2004, 24 (17) 4105–4112.

|4장| 집중력을 빼앗긴 시대, 똑똑한 뇌 사용법

Bowman, L et al (2010), "Can students realy multitask? An experimental study on instant messaging while reading." Computers and education, 54; 927–931.

Dwyer, R et al (2018), "Smartphone use undermines enjoyment of face-to-face social interactions." Journal of Experimental Social Psychology, Vol 78, 233–239.

"Effect of the presence of a mobile phone during a spatial visual search." Japanese Psychological Research, Vol. 59, No. 2, 2017. DOI: 10.1111/jpr.12143

Henkel, L (2013), "Point-and-shoot-memories." Psychological Science 25; 396–402.

Muller, P et al (2014), "The pen is mightier than the keyboard: advantages of longhand over laptop note taking." Psychological Science, Vol 25, issue 6, pages: 1159–1168.

Ophir, E et al (2009), "Cognitive control in media multitaskers." PNAS 15583–15587, DOI: 10.1073/pnas.0903620106.

Paul, K (2017), "How your smartphone could be ruining your career." Marketwatch 2017-03-31.

Poldrack, R et al (2006), "Modulation of competing memory systems by distraction." Proceedings of the National Academy of Sciences, 103 (31) 11778–11783, 2006.

Sparrow, B et al (2011), "Google effects on memory: cognitive consequences of having information at our fingertips." Science 333, 776 (2011).

Uncapher, M et al (2016), "Media multitasking and memory: Differences in working memory and long-term memory." Psychonomic Bulletin & Review. 2016 Apr; 23(2): 483–490.

Ward, F et al (2017), WBrain drain: The mere presence of one's own smartphone reduces available cognitive capacity.W Journal of the Association for Consumer Research 2, no. 2 (April 2017): 140–154.

Yehnert, C et al (2015), WThe attentional cost of receiving a cell notification.W Journal of Experimental Psychology: Human Perception and Performance. June 2015.

|5장| 우리의 시간을 훔쳐가는 강력한 용의자

Alhassan, A et al (2018), "The relationship between addiction to smartphone usage and depression among adults: a cross sectional study." BMC Psychiatry 2018, 18: 148.

APA (2018), "Stress in America" survey.

Bian, M et al (2015), "Linking loneliness, shyness, smartphone addiction symptoms, and patterns of smartphone use to social capital." Social Science Computer Review, 2015; 33(1): 61–79.

Christensen, M A et al (2016), "Direct measurement of smartphone screen-time: relationships with demographics and sleep." PLOS One: 2016 Nov 9;11(11):e0165331.

Falbe, J et al (2015), "Sleep duration, restfulness, and screens in the sleep environment." Pediatrics. DOI: 10.1542/peds.2014–2306. Folkhälsomyndighetens nationella folkhälsoenkät (2016).

Hale, L et al (2015), "Screen time and sleep among school-aged children and adolescents: a systematic literature review." Sleep Med Rev. 2015 Jun; 21: 50–588.

DOI: 10.1016/j.smrv.2014.07.007. Epub 2014 Aug 12.

Harwood, J et al (2014), "Constantly connected: the effects of smartdevices on mental health." Computers in Human Behavior, 34, 267–272.

Sifferlin, A (2017), "Smartphones are really stressing out americans." Time 2017-02-23.

Sparks, D (2013), "Are smartphones disrupting your sleep?" Mayo clinic examines the question. June 3, 2013.

Thomée, S et al (2011), "Mobile phone use and stress, sleep disturbances, and symptoms of depression among young adults – a prospective cohort study." BMC Public Health 201111: 66.

Warmsley, E et al (2010), "Dreaming of a learning task is associated with enhanced sleep-dependent memory consolidation." Current Biology 2010; 20; 9, 850–855.

|6장| SNS를 끊고 기분이 나아진 사람들

Appel, H et al (2016), "The interplay between Facebook use, social comparison, envy, and depression." Current Opinion in Psychology. Volume 9, June 2016, Pages 44–49.

Booker, C et al (2018), "Gender differences in the associations between age trends of social media interaction and well-being among 10–15 year olds in the UK." BMC Public Health 2018-03-20: 321.

Bosson, J K et al (2006), "Interpersonal chemistry through negativity: bonding by sharing negative attitudes about others." Personal Relationships, June 2006.

Brailovskaia, J et al (2017), "Facebook addiction disorder among german students – a longitudal approach." PLOS One.

Chang, L et al (2017), "The code for facial identity in the primate brain." DOI. org./10.1016/j.cell.2017.05.011.

Diamond, J (1993), The third chimpanzee: the evolution and future of the human animal. Harper Perennial.

Dunbar, R (1996), Grooming, gossip and the evolution of language. Harvard University Press. ISBN-10: 0674363345.

Hunt, M et al (2018), "No more FOMO: limiting social media cecreases loneliness and depression." Journal of Social and Clinical Psychology, 2018; 751.

Konrath, S et al (2010), "Changes in dispositional empathy in american college students over time: a meta-analysis." Personality and Social Psychology Review, 15(2), 180–198.

Kross, E et al (2013), "Facebook use predicts declines in subjective well-being in young adults." DOI: org/10.1371/journal.pone.0069841. PLOS One 2013.

McAteer, O (2018), "Gen Z i quitting social media in droves because it makes them unhappy, study finds." PR Week, March 09, 2018.

McGuire, M et al (1998), Darwinian psychiatry. Oxford University Press.

Meshi, D et al (2013), "Nucleus accumbens response to gains in reputation for the self relative to gains for others predicts social media use." Frontiers in Human Neuroscience, 7, 2013.

Nabi, R L et al (2013), "Facebook friends with (health) benefits? Exploring social network site use and perceptions of social support, stress, and well-being." Cyberpsychol Behav Soc Netw. 2013; 16(10): 721–727.

Primack, B et al (2017), "Social media use and perceived social isolation among young adults in the U.S." American Journal of Preventive Medicine, July 2017, Volume 53, Issue 1, pages 1–8.

Raleigh, M et al (1984), "Social and environmental influences on blood serotonin concentrations in monkeys." Arch Gen Psychiatry. 1984 Apr; 41(4): 405–410.

Rizzolatti, G et al (1988), "Functional organization of inferior area 6 in the macaque monkey. II. Area F5 and the control of distal movements." Exp Brain Res. 1988; 71: 491–507. DOI: 10.1007/BF00248742.

Shakya, H et al (2017), "Association of Facebook use with compromised well-being: a longitudinal study." American Journal of Epidemiology. DOI: 10.1093/aje/kww189.

Song, H et al (2014), "Does Facebook make you lonely?: A meta analysis." Computers in Human Behavior, 2014; 36: 446.

Tromholt, M et al (2016), "The Facebook experiment: quitting FB leads to higher levels of wellbeing." Cyberpsychol Behav Soc Netw. 2016 Nov; 19(11): 661–666.

Wang, A (2017), "Former Facebook VP says social media is destroying society with 'dopamine-driven feedback loops'." Washington Post 2017-12-12.

Vosoughi, S et al (2018), "The spread of true and false news online." Science. 359, Issue 6380, Pages 1146–1151.

|7장| 청소년 우울증과 휴대전화

Casey, B J et al (2011), "The adolescent brain." Annals of the N Y Academy of Science. 2008 Mar; 1124: 111–126.

Chen, Q et al (2016), "Does multitasking with mobile phones affect learning? A review." Computers in Human Behavior, Vol 64, Page 938.

Lowensohn, J, (2012), "Apple's fiscal 2012 in numbers: 125M iPhones, 58,31M iPads." CNET, oct 25, 2012.

Elhai, J D et al (2017), "Problematic smartphone use: A conceptual overview and systematic review of relations with anxiety and depression psychopathology." Journal of Affective Disorders Volume 207, 1 January 2017, Pages 251–259.

Gutiérrez, J et al (2017), "Cell-phone addiction – a review. Frontiers in psychiatry."

Hadar, A et al (2017), "Answering the missed call: initial exploration of cognitive and electrophysiological changes associated with smartphone use and abuse." PLoS ONE 12(7):e 0180094.

Jiang, Z et al (2016), "Self-control and problematic mobile phone use in chinese college students: the mediating role of mobile phone use patterns." BMC Psychiatry. 2016; 16: 416.

Julius, M et al (2016), "Children's ability to learn a motor skill is related to handwriting and reading proficiency." Learning and Individual Differences, Vol 51, 265–272.

Kuznekoff, J H et al (2013), "The impact of mobile phone usage on student learning." DOI.org/10.1080/03634523.2013.767917

Liu, M et al (2016), "Dose-response association of screen time-based sedentary behaviour in children and adolescents and depression: a meta-analysis of observational studies." Br J Sports Med. 2016 Oct; 50(20): 1252–1258.

Makin, S (2018), "Searching for digital technology's effects on wellbeing." Nature 563, s 138–140.

Mundell, E J (2017), "Antidepressant use in U.S soars by 65 percent in 15 years." CBS News.

Plass, K (2018), "Let Kids Play." New York Times 2018-08-20.

Rutledge, R et al (2016), "Risk taking for potential reward decreases across the lifespan." Current Biology. June 2, 2016.

Socialstyrelsen 2017-12-13. "Kraftig ökning av psykisk ohälsa bland unga."

The World Unplugged project. https://theworldunplugged.wordpress.com.

TV4 Nyheterna (2017), "Färre unga spelar musikinstrument." Klipp 2017-12-25 kl. 08:18.

Twenge, J et al (2018), "Associations between screen time and lower psychological well-being among children and adolescents: evidence from a population-based study." Preventive Medicine Reports, Vol 12, December 2018, Pages 271–283.

Twenge, J (2016), "Have smartphones destroyed a generation?" The Atlantic, September 2016.

Wahlstrom, D et al (2010), "Developmental changes in dopamine neurotransmission in adolescence: behavioral implications and issues in assessment." Brain and cognition. 2010 Feb; 72(1): 146.

Wallace, K (2016), "Half of teens think they're addicted to their smartphones." CNN 2016-07-29.

Walsh, J et al (2018), "Associations between 24 hour movement behaviours and global cognition in US children: a cross-sectional observational study." The Lancet Child & Adolescent Health.

Wilmer, H et al (2016), "Mobile technology habits: patterns of association among device usage, intertemporal preference, impulse control and reward sensitivity." Psychonomic Bulletin & Review, Oct 2016, Vol 23, issue 5, pages

1607–1614.

|8장| 변화를 원한다면, 몸부터 움직여라

Althoff, T (2017), "Large-scale physical activity data reveal worldwide activity inequality." Nature, 20 July 2017, vol 547, pages 336–339.

Aylett, E et al (2018), "Exercise in the treatment of clinical anxiety in general practice – a systematic review and meta-analysis." BMC Health Services Research. DOI.org/10.1186/s12913-018-3313-5

Ekblom Bak, E at al (2018), "Decline in cardiorespiratory fitness in the swedish working force between 1995 and 2017." Scandinavian Journal of Medicine Science in Sports.

Gomes-Osman, J et al (2018), "Exercise for cognitive brain health in aging: A systematic review for an evaluation of dose." DOI: 10.1212/CPJ.0000000000000460.

de Greeff, J et al (2018), "Effects of physical activity on executive functions, attention and academic performance in preadolescent children: a meta-analysis." J Sci Med Sport. 2018 May; 21(5): 501–507. DOI: 10.1016/j.jsams.2017.09.595. Epub 2017 Oct 10.

Harris, H et al (2017), "Impact of coordinated-bilateral physical activities on attention and concentration in school-aged children." Biomed Res Int. 2018; 2018: 2539748.

Marr, B (2018), "How much data do we create every day? The mind-blowing stats everyone should read." Forbes 2018-05-21 och visualcapitalist.com.

Raustorp, A et al (2018), "Comparisons of pedometer determined weekday physical activity among swedish school children and adolescents in 2000 and 2017 showed the highest reductions in adolescents." Acta pediatrica, Dec 2018. DOI: 10.1111/apa.14678.

Ryan, T et al (2015), "Gracility of the modern Homo sapiens skeleton is the result of decreased biomechanical loading." PNAS January 13, 2015, 112 (2), pages 372–377.

Silva, A et al (2014), "Measurement of the effect of physical exercise on the concentration of individuals with adhd." PLOS ONE DOI:10.1371/journal. pone.0122119

Vanhelst, J et al (2016), "Physical activity is associated with attention capacity in adolescents." The Journal of Pediatrics, Volume 168, January 2016, Pages 1–2.

|9장| 뇌는 지금도 바뀌고 있다

Carr, N (2011), The shallows: what the internet is doing to our brains. W.W. Norton Company. ISBN 9780393339758.

Fogel, R (2004), The escape from hunger and premature death, 1700–2100. Cambridge University Press.

Maguire, E et al (2000), "Navigation-related structural change in the hippocampi of taxi drivers." PNAS 2000; 97: 4098–4403.

Maguire, E et al (2006), "London taxi drivers and bus drivers: a structural MRI and neuropsychological analysis." Hippocampus 2006; 16: 1091–1101. DOI: 10.1002/hipo.20233.

Nationellt centrum för suicidforskning och prevention. Karolinska Institutet.

Winerman, L (2013), "Smarter than ever?" American Psychological Association. March 2013, Vol 44, No. 3.

안데르스 한센 Anders Hansen

스웨덴의 저명한 정신과 전문의이자 초베스트셀러 작가, 그리고 방송인이기도 한 안데르스 한센은 스톡홀름 카롤린스카 대학을 졸업하고 현재 소피아햄메트 병원에서 재직 중이다.

그는 운동이 우리 뇌에 미치는 영향이 우리의 상상을 초월한다는 것을 밝히는 전작 『뇌는 달리고 싶다』가 스웨덴에서 51만 7500부 판매되고 세계 15개국에 수출되는 대성공을 거두면서 저명한 학자들과 어깨를 나란히 하는 명성을 얻게 되었고 전 세계의 수많은 신경정신과 관련 어젠다에도 큰 영향을 미쳤다. 그 인기에 힘입어 2017년 7월에는 TEDx Talks에 출연하여 '뇌는 왜 운동을 위해 설계되었나?(Why the Brain is Built for Movement)'라는 주제로 강연한 바 있다.

2019년에는 공중파 TV인 SVT에서 〈당신의 뇌(Dinhjärna)〉라는 프로그램을 진행한 바 있는데 스티븐 핑커, 로버트 새폴스키, 수전 그린필드, 리처드 도킨스 등 세계적인 석학들을 게스트로 초대해서 더욱 큰 화제를 불러일으켰다. 스웨덴의 라디오 프로그램 〈P1의 여름(Sommar i P1)〉에 그가 출연한 회차의 조회수가 스웨덴 인구의 4분의 1이 넘는 270만이 넘을 정도로 대중적인 인기를 얻은 그는 지금은 동료 의사와 함께 〈정신과 의사들(Psychiatrists)〉이라는 팟캐스트를 진행하고 있다.

2019년 최신작인 이 책 『인스타 브레인(SKÄRMHJÄRNAN)』은 스마트폰과 SNS라는 전혀 새로운 환경이 우리 뇌와 몸에 어떤 영향을 끼치고 있는지를 심층 분석한 책으로 현재 8만 부가량 판매되었고 2019 헬스 어워드(국민 건강에 이바지한 개인이나 단체에 주는 상)를 비롯하여 6개가 넘는 상을 수상했다.

김아영

한국외국어대학교 영어통번역학 및 스칸디나비아어학과를 졸업했다. 우연한 계기로 관심을 갖게 된 언어들을 통해 만나는 새로운 세계에 매료되어 번역을 업으로 삼고 있다. 옮긴 책으로는 『인스타 브레인』, 『나중 일은 될 대로 되라지!』, 『내 친구 안네』, 『실내 식물 가꾸기의 모든 것』, 『어린이를 위한 페미니즘』, 『스웨덴 엄마의 말하기 수업』 등이 있다.

INSTA BRAIN

인스타 브레인

1판 1쇄 발행 | 2020년 5월 15일
1판 22쇄 발행 | 2024년 10월 5일

지은이 | 안데르스 한센
옮긴이 | 김아영
발행인 | 김태웅
기획편집 | 정상미, 엄초롱
디자인 | design PIN
마케팅 총괄 | 김철영
마케팅 | 서재욱, 오승수
온라인 마케팅 | 김도연
인터넷 관리 | 김상규
제 작 | 현대순
총 무 | 윤선미, 안서현, 지이슬
관 리 | 김훈희, 이국희, 김승훈, 최국호

발행처 | (주)동양북스
등 록 | 제2014-000055호
주 소 | 서울시 마포구 동교로22길 14 (04030)
구입 문의 | 전화 (02)337-1737 팩스 (02)334-6624
내용 문의 | 전화 (02)337-1739 이메일 dymg98@naver.com
네이버포스트 | post.naver.com/dymg98
인스타그램 | @shelter_dybook

ISBN 979-11-5768-617-9 03180